# BC급 전범재판

하야시 히로후미 지음
이재우 옮김

어문학사

BC KYU SENPAN SAIBAN
by Hirofumi Hayashi
© 2005 by Hirofumi Hayashi
Originally published in 2005 by Iwanami Shoten, Publishers, Tokyo.
This Korean edition published 2024
by Amoonhaksa, Seoul
by arrangement with Iwanami Shoten, Publishers, Tokyo

## 『BC급 전범재판』의 한국어판 서문

한국 독자분들께 이 책을 드릴 수 있어 매우 기쁩니다. 동시에 이 문제에 대한 인식이 일본과 크게 다를 한국에서 『BC급 전범재판』을 어떻게 읽을지 흥미롭습니다.

안타깝게도 현재까지 일본 사회는 침략 전쟁이나 식민지 지배에 대한 반성을 제대로 하지 않고 있습니다. BC급 전범재판을 다룰 때도 일본을 변호하려는 주장이 끊이질 않습니다. 그러한 주장들은 연합군이 전범 용의자를 학대했다느니, 사람을 착각해서 관계없는 사람을 재판했다느니 하는 점을 일부러 들어 '일본은 잔악 행위를 하지 않았고 침략 전쟁은 연합국의 위조'라며, 마치 일본인이 피해자인 것처럼 말하는 경우가 다수를 차지하고 있습니다.

분명히 학대나 착오 같은 사례가 있었고, 또 BC급 전범재판에서 말단인 하급 장교나 하사관에게만 전쟁범죄의 책임을 뒤집어씌운 경향은 부정할 수 없습니다. 하지만 그것은 본래 책임을 물어 처벌해야 마땅했던 일본군이나 정부 지도자들이 처벌받지 않는 상태로 끝났음을 의미합니다. 도쿄재판에서도 겨우 한 줌에 불과한 지도자만 처벌받았습니다.

BC급 전범재판을 비판한다는 것은 결국 전쟁 지도자들의 책임, 나아가 일본이라는 국가의 책임을 밝히는 일이며 전쟁범죄의 피해자들을 향해 제대로 된 사죄와 배상을 하는 것이 일본 국민의 책임임을 인식하는 일이라고 생각합니다. 저는 그러한 입장에서 이 책을 썼습니다.

이 책에서는 조선인 전범도 다뤘습니다. 그들은 일본군에 이용당한 가장 말단에 속했는데도 많은 책임을 뒤집어쓰고 처벌받았습니다. 그들이 그러한 상황에 내몰린 이유는 일본의 식민지 강압 지배와 전시동원 속에서 강요받았기 때문이며 그들이 저지른 전쟁범죄 행위는 일본 국가가 책임져야 한다고 생각합니다.

또한 전쟁범죄라는 개념은 기본적으로 전시에 적국의 국민과 중립 국민을 대상으로 한 비인도 행위를 재판함을 상정하였기에 자국민에 대한 비인도 행위를 재판하지 않은 문제가 있음을 유의해 주셨으면 합니다. 당시 국가가 자국민을 어떻게 다루든 전시국제법은 다루지 않는 것이 원칙이었습니다. 연합국은 조선과 대만이 일본의 식민지였다는 이유로 일본 국민으로 간주했습니다. 그렇기 때문에 일본이 조선인을 상대로 한 강제 연행과 강제 노동, 일본군 '위안부' 문제 같은 비인도 행위는 BC급 전범재판에서 다뤄지지 않았습니다. 이는 중국인 강제 연행과 강제 노동, 괌의 현지인 여성(미국 국민)이나 네덜란드 여성을 강제로 위안부로 만든 사건을 BC급 전범재판에서 일부나마 다뤘다는 사실과 분명히 비교되는 지점입니다.

당시 전시국제법은 서양 제국주의 국가가 만들었기 때문에 식민지 민중을 향한 비인도 행위를 무시했습니다. 다만 독일이 적국 국민뿐 아니라 자국민인 유대인도 대량 학살했기 때문에 이러한 결점을 인식하고 "인도에 대한 죄"를 만들어 자국민을 대상으로 한 대규모, 조직적, 비인도적 행위도 재판했습니다. 하지만 이 "인도에 대한 죄"는 일본에 적용되지 않았습니다. 만약 적용됐다던 조선인을 강제로 일본군 '위안부'로 만든 죄나 강제 연행과 강제 노동도 재판했을지도 모릅니다.

이 책은 지금으로부터 20여 년 전인 2005년에 간행되었기에 그 뒤의 연구 동향에 대해 살짝 설명하겠습니다.

저 자신이 도쿄재판과 BC급 전범재판을 포함한 일본 전범재판 전체를 파악하고자 연합국의 전범 정책 전체를 검증하는 『전범재판 연구—전범재판 정책의 형성부터 도쿄재판·BC급 재판까지(戰犯裁判の研究—戰犯裁判政策の形成から東京裁判·ＢＣ級裁判まで)』(2010)를 간행했습니다. 그중에서 호주재판이나 미 해군 재판 등을 더욱 깊게 분석했습니다. 영국 재판에 대해서는 이 책을 쓰기 전에 내놓은 『재판받은 전쟁범죄—영국의 대일전범재판(裁かれた戰爭犯罪—イギリスの対日戰犯裁判, 岩波書店)』(1998)을 간행했으며 또한 일본군 '위안부' 제도와 BC급 전범재판의 관계는 몇 편의 논문을 『일본군 '위안부' 문제의 핵심(日本軍「慰安婦」問題の核心, 花伝社)』(2015)에 수록했습니다. 이 책들은 일본어로만 출판되었으나 이 책의 내용을 더욱 자세히 알고 싶을 경우에 참고가 되리라고 생각합니다.

최근 일본 내 BC급 전범 연구는 필리핀재판이나 중국 국민정부의 재판, 중화인민공화국의 재판 등 몇 가지 성과를 낳았으나 대체로 저조합니다. 오히려 독일이나 미국 등의 연구자의 연구가 앞서 있으며 그 성과를 영문으로 잇달아 발표하고 있고, 중국에서도 실증 연구가 시작되었습니다. 그들이 가진 문제의식은 국제형사재판소가 설치된 (2002년) 사실에 입각하여 제2차 세계대전 후 일련의 전범재판에 대해 많은 문제점이 있어도 국제인도법(전시국제법)의 발전 과정에서 중요한 의의가 있는 노력으로 평가하려는 점에 특징이 있습니다. 현재, 나아가 앞으로 있을 무력 분쟁을 해결하는 데 충분하지 않은 점이 많이 있어도 전쟁범죄라는 인식이나 전범재판을 어떻게 활용할 수 있느냐는 긍정적인 논의가 이루어지고 있습니다. 그러한 시점에서의 연구가 진전되기를 기대합니다.

2023년 3월

하야시 히로후미

# 목차

# 왜 지금 전범재판을 다루는가?

*

전범 및 전범 용의자의 성명은 전범재판과 재판한 사안의 공공성의
규모 및 일본군의 조직 내 지위를 고려하여 원칙상 장교는 실명을 기재했다.
또한 그 이외의 사안에서 다른 사람의 저작물 등에서 이미 여러 번
성명을 공표했다면 실명을 쓰는 경우도 있다.
전범재판에 관한 숫자에는 각국의 자료 속에서도 기소된 인원수나
판결별 인원수, 판결을 확인한 인원수가 다른 경우가 종종 있다.
영국의 경우 남은 재판 기록을 전부 점검해서 통계를 작성했지만 행방불명인
재판 기록이 있기 때문에 확정된 숫자라고 할 수 없다.
또한 일본 측의 자료에도 부정확한 기록이나 착오가 많으며,
지금부터 이 책에서 거론하는 숫자에 대한 조사 연구가 여전히 진행되고 있으므로
앞으로 정정될 가능성이 있음을 양해해 주시길 바란다.

# 서장
# 왜 지금 전범재판을 다루는가?

제2차 세계대전은 전 세계 사람들에게 유례없는 큰 피해를 준 전쟁이었다. 사망자는 전체적으로 5천만 명까지 달한다고 볼 수 있으며 부상당하거나 집을 잃은 사람의 숫자는 헤아릴 수 없다. 특히 독일과 일본의 침략을 받은 국가나 지역은 심각한 피해를 입었기 때문에 연합국은 그러한 전쟁을 개시, 수행하여 많은 잔악한 행위를 저지른 독일이나 일본 같은 추축국의 책임자를 전쟁범죄인으로 처벌함으로써 두 번 다시는 똑같은 참화가 발생하지 않게 하기 위해 전범재판을 실행했다.

제2차 세계대전 후 실행한 전범재판은 크게 두 종류로 구분할 수 있다. 하나는 뉘른베르크재판과 도쿄재판(극동국제군사재판)으로 "평화에 대한 죄(A급 전쟁범죄)"를 포함한 전쟁범죄를 심판한 재판으로 주로 정부나 군 지도자가 대상이었다. 재판을 받은 피고들은 일반적으로 A급 전범(주요 전범)이라 부른다. 뉘른베르크재판은 미국, 영국, 소련, 프랑스 4개국이, 도쿄재판은 11개국에서 파견한 재판관이 참석한 국제법정이다.

또 하나는 "보통 전쟁범죄(B급 전쟁범죄)"와 "인도에 대한 죄(C급 전쟁범죄)"를 심판한 이른바 BC급 전범재판으로 개개의 잔악한 행위에 가담한 자(명령자부터 실행자까지)를 재판했다. 일본의 경우, 미국, 영국, 네덜란드, 프랑스, 호주, 중국, 필리핀 7개국이 각각 재판을 실시했다(소련도 포함하면 8개국이다). 이 책은 BC급 전범재판을 다룬다.

BC급 전범재판의 전반 상황은 이 책의 다른 장에서 상세히 다루겠지만 먼저 간략히 말해두자면, A급 전범을 대상으로 한 도쿄재판의 경우 피고가 28명이었으나 BC급 전범재판의 경우 7개국이 약 5,700명을 재판했다. 사형을 최종 확정한 피고도 전자는 7명이지만 후자는 934명에 달했다.

그런데 일본은 대부분 B급 전쟁범죄만 적용했기 때문에 BC급 전범재판이라는 표현은 조금 정확하지 않다. 또한 이런 표현은 미국에서만 쓰며 영국이나 호주는 '경輕전쟁범죄재판(Minor war crimes trials)'이라고 부른다. 단, 일본에서는 BC급 전범재판이라는 호칭이 일반적이기 때문에 이 책에서도 그렇게 부르기로 한다.

# 1. 다양한 재판

BC급 전범재판이라고 하면 주로 연합군 포로를 대상으로 한 잔악 행위를 재판하거나 상관의 명령에 따랐을 뿐인 하급 병사까지 극형에 처했다는 이미지가 강하다. 하지만 실제로는 다양한 경우가 있기에 그렇게 단순하게 설명할 수 없다. 그래서 먼저 각기 다른 유형의 재판 세 개를 소개하겠다.

## 싱가포르 화교 숙청 사건

1947년 4월 2일 싱가포르 중심에 있는 빅토리아 메모리얼 홀에서 영국군이 실시한 전범재판에서 5명의 판사단을 대표하여 재판관 포사이스(Forsythe) 중령이 피고 니시무라 다쿠마(西村琢磨) 중장에게 종신형, 가와무라 사부로(河村参朗) 소장과 오이시 마사유키(大石正幸) 중좌에게 교수형, 나머지 피고 4명(헌병장교)에게 모두 종신형을 언도했다. 그 후 판결이 확정되어 6월 26일 창기 교도소에서 교수형을 집행했다.

이 재판은 일본군이 인정한 숫자만 해도 약 5천 명, 현지에서는 4~5만 명이 학살당한 대사건을 다뤘다(사건의 상세한 내용은 졸저 『재판받은 전쟁범죄』를 참조하길 바란다).

아시아태평양전쟁은 일본군이 진주만 공격에 앞서 말레이 반도 상륙 작전을 실행하며 시작되었다. 석유 등 동남아시아의 중요 자원 확보가 최대의 목적이었던 일본은 동남아시아의 요충지인 싱가포르를 점령 목표로 삼았다. 야마시타 도모유키(山下奉文) 중장이 지휘하는 제25군은 1942년 2월 15일 싱가포르를 지키던 영국군의 항복을 받았다. 싱가포르는 인구의 8할 가까이가 화교인데 그들은 일본의 중국 침략에 대항하는 '조국 지원 운동'을 했기 때문에 일본군은 그러한 화교를 반일이라 간주하고 싱가포르를 점령한 후 미리 화교 숙청 계획을 세웠다.

야마시타 군사령관은 가와무라 소장을 싱가포르 경비사령관에 임명하고 2월 18일 아침에 "항일분자를 모조리 제거하라"는 화교 '소탕 작전 명령'을 내렸다. 시내의 성인 화교 남성을 모아 항일분자를 색출하여 즉시 처형하라는 터무니없는 명령이었다. 제25군 참모 쓰지 마사노부(辻政信) 중좌가 숙청 명령을 기획하고 현장에서 지도했으며 제2야전헌병대(헌병대장 오이시 마사유키 중좌)와 보병부대에서 착출한 보조헌병이 실행했다.

2월 21일부터 23일 사이에 화교 남성을 시내 다섯 군데에 모아 의용군에 들어간 자, 은행원, 공무원, 싱가포르에 온 지 5년이 안 된 자는 손을 들라고 요구하여 손을 든 자를 항일분자로 선별하거나 경찰을 부려 항일 성향이 있어 보이는 자를 적발했다. 그렇게 선별된 사람들을 트럭에 싣고 해안이나 교외 정글로 끌고 가서 기관총으로 일제 사격하여 살해했다. 대부분의 시체는 바닷속으로 흘러갔지만 부상을 입으면서도 가까스로 살아남은 사람들이나 처형 광경을 숨어서 지켜본 부근 주민의 증언을 통해 법정에서 상황이 밝혀졌다. 2월 말 근위사단(사단장 니시무라 다쿠마 중장)이 싱가포르 시외에서 많은 주민을 처형했다.

　이 사건의 최고 책임자였던 야마시타 중장은 필리핀에서 미군에 체포되어 1945년 12월 미국의 전범재판에서 사형 판결을 받았고 이듬해 2월 처형되었기 때문에 싱가포르에서 재판을 받지 못했다. 또한 실질적 책임자인 쓰지 참모는 종전 당시 방콕에 있었지만 전범으로 추궁을 받을까봐 두려워하여 부하들과 함께 승려로 변장하여 잠적했다가 중국 공산당과 대립하던 국민정부의 보호를 받은 후 GHQ(연합국 최고사령부)의 참모제2부(G2)의 비호를 받아 영국의 전범 추적을 피했다. 그래서 싱가포르 전범재판에서 두 사람은 재판받지 않았다. 하지만 가와무라 오이시 같이 숙청의 중심이 된 피고들의 증언을 통해 숙청의 경위가 밝혀졌고, 또한 학살 현장의 상황도 목격자의 증언을 통해 많은 시민에게 알려졌다.

　이 사건을 수사하면서 현지 화교 단체도 정보 수집에 협력하여 증인을 찾았다. 판결에서는 숙청을 실시한 책임자였던 가와무라 경비사령관과 헌병대 책임자였던 오이시 헌병대장 두 사람에게만 사형을 선고하고 현장에서 항일분자 선별을 지휘한 헌병장교들(중좌부터 중위까지)에게는 종신형을 선고했다. 덧붙이자면 헌병 소좌 1명은 다른 재판을 받았지만 역시 종신형을 선고받았다. 처형 현장의 명령자나 실행자는 기소되지 않고 끝났다. 최소 수천 명을 학살한 사건임에도 단 두 명만 사형 판결을 받았다는 사실에 화교 단체나 언론은 크게 반발했지만,

영국군 당국은 항의를 억누르고 판결대로 형을 확정하여 이 사건을 종료했다.

## 이시가키섬 미군 처형 사건

이어서 미국의 재판 중에서 포로 학대 사건을 다룬 케이스를 보자. 1945년 4월 15일 오키나와 본도에서 미일 양군이 치열하게 전투를 치를 때 미, 영국 함대의 공습을 받던 이시가키섬에서 미군기가 격추되어 3명의 탑승원이 일본군의 포로가 되었다. 그날 밤 해군 이시가키섬 경비대 사령인 이노우에 오토히코(井上乙彦) 대좌는 3명을 처형하기로 결정하고 마쿠타 미노루(幕田稔) 대위와 다구치 야스마사(田口泰正) 소위가 한 명씩 일본도로 목을 베고 남은 한 명을 에노모토 무네오(榎本宗応) 중위가 총검으로 찌른 다음, 약 40명의 부하에게 순서대로 찌르게 하여 세 사람을 처형했다.

이러한 조치가 문제임을 의식한 경비대는 패전 때 묻었던 미군의 시체를 다시 꺼내 화장하고 재를 바다에 뿌렸다. 그리고 격추한 미군기의 수에 맞춰 십자가를 세우고 미군 전사자의 장례를 극진히 치른 것처럼 가장하여 전범 추궁을 피하려고 했다.

하지만 이 사건은 일본군 관계자라 생각되는 자가 GHQ에 보낸 밀고장 때문에 폭로되었고 관계자들은 차례대로 체포되었다. 결국 이노우에 대좌를 필두로 장교 11명, 하사관 8명, 수병 27명, 합계 46명이 기소되었다. 미육군 제8군이 관할한 이 재판은 요코하마(현재 요코하마지방재판소)에서 시행되었다.

이노우에 사령은 마지막에 자기 명령으로 미군을 처형한 사실을 인정하고 부하에게 책임은 없다고 주장했지만 처음에는 명령을 내린 사실을 부인했기 때문에 책임 소재가 확실히 되지 않아 피고끼리 대립했다. 판결은 무죄 2명을 제외하고 사형 41명, 중노동 20년과 5년이 각 1명으로 매우 엄격했다(1명은 도중에 기소 면제). 미군 1명을 총검으로 찌른 수십 명의 수병에게도 사형 판결을 내렸다. 이는 BC급 전범재판에서 유례를 찾아볼 수 없는 대량 사형 판결이었다(사건의 개요는 모리구치 가쓰(森口勰)의 『마지막 학도병(最後の学徒兵)』을 참조하길 바란다).

이후 이 판결은 제8군에 송치되었는데, 그곳에서 재판 기록을 검토한 결과, 10명에게 사형 판결이 확정되었고 나머지는 감형받거나 혹은 무죄가 되었다. 법무부에서 심사한 내용을 보면 수병은 상관의 명령에 무조건 복종하도록 훈련받았으며 명령에 따르지 않으면 그 자리에서 처형당할 수도 있는 입장이었던 점을 고려했다. 이렇듯 명령을 따랐을 뿐 그 외에 의도적으로 구타나 폭행을 하지 않은 하급 수병의 경우에는 5년형으로 감형되었다.

처형된 학도병 출신 다구치 소위의 경우, 부하에게 탑승원을 향해 보복과 증오를 부추겨 찔러 죽이도록 재촉했고 자신도 처형에 자발적으로 참가했다고 인정되었다. 그가 소위, 즉 장교였던 점도 자발성이 인정된 배경에 있었다고 보인다.

사형을 최종 확정하려면 제8군뿐 아니라 맥아더 사령부의 승인이 필요했기 때문에 사령부에서 다시 심사를 행했고, 이 과정에서 사형 대상자가 7명으로 줄었다. 최종적으로 포로 처형을 명령한 사령과 부장, 병사들보다 먼저 일본도 혹은 총검으로 포로를 죽인 3명의 장교, 그 외에 하사관 2명이 사형에 처해졌다. 1950년 4월 7일 도쿄의 스가모교도소에서 7명의 사형을 집행했는데 스가모교도소에서 집행한 마지막 사형이었다.

이 사건은 사형 판결을 대량으로 내린 점에서 특이하며 포로를 대상으로 한 잔악 행위에 미군이 엄중한 자세를 보인 사례였다. 하지만 동시에 상관의 명령을 따랐을 뿐인 수병은 전원 사형을 면했기에 미군이 하급 병사를 꽤 배려했다는 사실도 알 수 있는 재판이었다.


## 중국인 강제 노동과 하나오카 사건

미군의 요코하마재판이라고 하면 미군 포로를 대상으로 한 범죄만을 재판했다는 인상이 있지만 중국인 강제 연행과 강제 노동을 재판한 사례가 두 건 있다. 하나오카 사건도 여기에 포함된다.

1942년 11월 도조 내각은 토목건축업계나 석탄광산업계의 요청을 받아들여 중국인 노무자를 '내지이입(內地移入)'하기로 각료회의에서 결정했다. 그 후 조금씩 중국인 노무자를 일본 국내로 들여보내기 시작했는데 1944년 2월 차관회의에서 결정한 뒤부터 본격적으로 실시했다. 산둥성 등에서 붙잡힌 중국군 포로뿐 아니라 민간인도 납치해서 일본에 연행하여 각지에서 강제 노동에 종사시켰다. 일본 정부의 기록으로는 약 4만 명이 연행되었다. 아키타현 하나오카에 있던 하나오카 광업소에서 토목 공사를 맡던 가시마구미(鹿島組)에 1944년부터 1945년까지 986명의 중국인이 끌려왔다. 그리고 하나오카 광업장 건설공사나 하나오카가와 개수공사에 종사하게 되었고 418명(1946년 3월 병원에서 사망한 1명을 포함하면 419명)이 사망했다. 가혹한 노동과 부족한 식량, 감시인의 폭행 같은 비인간적 취급을 받자, 1945년 6월 30일 밤 중국인 수용소 나카야마료(中山寮)의 중국인 노무자들이 봉기하여 일본인 보도원들을 습격하고 산으로 도망쳤다. 얼마 지나지 않아 경찰이 사태를 진압했고 지도자를 포함한 12명은 9월에 재판을 받아 금고형에 처해졌는데 체포된 자들에게 폭행, 고문을 가하여 사건 후 1개월 사이에 100명이나 사망했다.

9월 말 포로수용소를 조사하던 미군은 하나오카에서 발생한 이 사건을 알게 되었다. 미군이 생존자로부터 진술서를 받는 동안에도 차례대로 죽는 상황이었다(윌리엄 B. 심슨(ウィリアム·B·シンプソン), 『특수 첩보원─일본의 전쟁범죄를 파헤친 정보 장교(特殊諜報員─日本の戦争犯罪を暴いた情報将校)』). 일찍 조사를 실시했지만 재판은 1947년 11월에 시작되었고 1948년 11월에 겨우 판결을 내렸다. 중국인이 봉기한 후뿐 아니라 그 이전의 학대나 학대치사도 추궁했다. 가시마구미의 하나오카 출장소장이나 나카야마료장 대리를 포함한 현장 관계자 4명과 지역 경찰서장과 순사부장을 포함

한 6명에게 사형부터 중노동 20년이라는 판결을 내렸다(무죄 2명). 나중에 사형을 선고받은 3명은 모두 금고형으로 감형되었다. 이 재판에서 강제 연행과 강제 노동을 기획하고 실시한 정부·군·기업 간부들은 심판받지 않아 현장에만 책임을 떠맡긴 꼴이었다.

주민 대량 학살이 있었고 책임자도 명령 계통도 명확했지만 상급 간부만 기소하여 2명만 사형에 처한 싱가포르, 미군 포로를 재판 없이 처형했다는 죄목으로 책임자부터 말단 실행자까지 가해 당사자 전원에게 사형 판결을 내렸으나 최종적으로는 3명의 희생자에 대한 죄만을 인정해 7명에게 사형을 선고하고 이것이 '상관의 명령'이었다는 이유를 고려해 병사들의 사형은 면해준 이시가키섬, 그리고 정부 결정에 따라 강제로 끌려온 중국인을 이용한 일본 기업에 대한 재판을 실시했지만 정작 강제 연행을 집행하고 강제 노동을 종용한 군이나 정부 간부, 기업 경영자들은 기소를 면하고 기업과 경찰의 말단만이 재판받았던 하나오카. 여기까지 소개한 세 가지 전범재판 사례는 모두 'BC급 전범재판'이라는 이름으로 요약되지만, 각자 다양한 양상을 띠고 있어 서로 다른 방향으로 전개되었다. 따라서 BC급 전범재판은 한마디로 표현 가능한 단순한 개념이 아니다.

## 2. 전범재판을 보는 시점

### 지금까지 있었던 논의의 한계

지금까지 일본에서는 BC급 전범재판이 갖는 많은 문제를 지적하며 부정적인 평가만 내리고 있다. 이 문제들을 구체적으로 짚자면 재판 과정에서 피고를 자의적으로 선정한 경우나 사람을 착각해서 엉뚱한 사람을 처벌한 경우가 적지 않았다는 점, 재판과 관련된 통역의 실력이 부족해 소통이 제대로 이루어지지 않았다는 점, 검찰 측의 증언을 일방적으로 채용했다는 점, 피고인이 변호 기회를 충분히 받지 못했으며 일본군의 포로였던 자가 재판관이나 검찰이 되어 공정성이 떨어졌다는 점, 반대신문 없이 선서진술서를 증거로 채용해 피고에게 매우 불리한 상황을 만들었다는 점, 상관의 명령을 따랐을 뿐인 하급 병사까지 재판을 받거나 부하가 저지른 범죄를 상관이라는 이유로 대신 책임지게 된 경우가 있었다는 점 등을 들 수 있다. 또한 전범의 가족이 주변으로부터 무시당하거나 혹은 재산을 빼앗기는 등 엄청난 고통을 맛본 경우도 지적된다.

이러한 지적은 확실히 유효하지만, 사례별로 검토하는 작업 없이 모든 경우에 단순 적용할 수는 없을 것이다. 내가 조사한 몇 개의 사례만 해도 검사가 대부분의 사실관계를 명확히 밝혀 타당한 용의자를 기소했다고 생각되는 경우가 있는가 하면 그렇지 않은 경우도 있다.

일본에서는 전범재판을 감정적으로 비난하는 사람이 많아서 안타깝지만 냉정한 논의가 이루어지지 않고 있다. 또한 피해자의 주장은 거짓말, 과장이라고 단정하면서 피고의 변명을 그대로 받아들여 연합국을 일방적으로 단죄하는 의견도 눈에 띈다. 연합국 측의 행위나 의도를 근거 없이 추측하거나 매우 악의로 해석하여 마치 사실인 듯 비난하는 경우도 많다. 재판 기록을 보면 도저히 납득하기 어려운 주장을 하는 경우도 적지 않다.

최근 출판되고 있는 전쟁범죄에 관한 문헌에서도 사실관계의 착오나 자료에 근거하지 않은 일방적인 확신, 추측(대부분 연합국은 나쁘다는 전제를 두고 있다)이 눈에 띈다. 즉 이 문제를 논의하게 되면 중간에 일본인 피고에게 감정을 이입하게 되어 사실이 무엇이냐는 냉정한 논의를 할 수 없는 상황이 발생한다. 그리고 종종 전범재판을 부정함으로써 일본이 저지른 침략 전쟁과 잔악 행위를 저지른 사실마저도 부정하고 일본(과 자신)을 정당화하려는 정치적 변론에 이용되는 경우가 있다. 대체로 연합국을 비난하기만 할 뿐 아무런 발전성도 없는 논의만 되풀이하는 셈이다.


## BC급 전범재판을 밝히는 작업의 곤란함

도쿄재판의 경우, 속기록이나 증거서류가 정리되어 남아 있고 자료도 영어와 일본어로 적혀 있으므로 연구가 진행 중이다. 하지만 BC급 전범재판의 경우, 8개국이 각자 재판을 했기 때문에 재판 자료는 각국이 갖고 있다. 미국, 영국, 호주에서는 재판 기록 및 재판에 관련된 수사 보고나 정책 문서가 비교적 정리되어 공개되고 있으며 자유롭게 열람할 수 있다. 하지만 필리핀의 경우 자료 공개는 하지만 정리 상태가 좋지 않고, 중국과 네덜란드는 열람 자격을 제한하고 있으며, 프랑스는 아예 공개하지 않는 듯하다. 소련은 전혀 알 수 없다. 한편 일본 정부가 수집하는 재판 자료는 최근에 겨우 조금씩 공개되고 있으나 개인정보에 관계된 자료는 비공개인 경우가 많다. 개인정보 보호를 이유로 하면 전범재판 자료는 대부분 비공개되고 만다.

이렇듯 자료 공개 상황도 여의치 않은데, 그마저도 각국의 언어로 기록되어 있다 보니 언어적 제약도 만만치 않다. 도저히 혼자서 연구할 만한 대상이 아니다. 사정이 이렇다 보니 일본에서 간행한 BC급 전범재판 문헌의 대부분은 일본 측 자료만 적혀 있거나 미국 자료를 약간 이용할 뿐이다. 일본 측만 아니라 재판한 측이나 피해자의 자료까지 꼼꼼히 수집하여 분석한 뛰어난 문헌이 몇 건 존재하지만, 이 역시 특정한 사례를 다루고 있을 뿐이므로 전체 2천 건을 넘는 전범재판 중 실제로 연구된 것은 한 줌에 불과하다. 중국과 필리핀에서도 해당국의 자료를 이용한 연구가 조금씩 나오고 있으나 한 나라의 전범재판의 전반 상황을 그 나라의 자료를 이용해서 정리한 경우는 안타깝게도 영국 재판을 다룬 책밖에 없는 상황이다(졸저 『재판받은 전쟁범죄』).

## 재판받은 '일본인'이란?

본론에 들어가기 전에 BC급 전범재판을 생각할 때의 시점을 몇 가지 말하고 싶다.

일본을 대상으로 한 전범재판에서는 주로 일본인이 기소되었다. 연합국 국민이 일본에 협력하여 잔악 행위를 저지른 경우, 일반적으로 국가에 반역한 대일 협력자로서 재판받았으나 전쟁범죄(인)라 부르지 않는다. 원칙상 일본 국민, 혹은 일본, 독일, 이탈리아 등의 추축국의 국민이 전범이 되어 재판받았다.

그렇다면 재판을 받은 '일본인'은 어떠한 사람들이었을까? 대부분 군인이었는데 군대는 심한 계급 사회¹다. 육군의 명령 계통을 간단히 보면 군 중앙-총군(혹은 파견군)-방면군-군-사단-여단-연대-대대-중대라는 계급 구조가 있다. 따라서 군인이라 해도 군 중앙이라 불리는 참모본부·육군성이나 대본영의 군 지도자와 간부, 총군(파견군)·방면군·군 따위 각지에 배치된 군의 지도자나 간부와 그들 아래에 있는 현지 간부, 현장의 장교나 준사관, 하사관, 병사들 같은 식으로 다양하다.

해군의 경우 군 중앙인 군령부와 해군성, 군항에 설치한 진수부와 경비부와 함대로 분류된다. 전쟁범죄는 주로 점령지 행정(군정)을 담당한 해군민정부나 헌병에 해당하는 해군특별경찰대 관계자가 많다.

---

1   종전을 기준으로 육군의 계급은 장교는 대장·중장·소장·대좌·중좌·소좌·대위·중위·소위, 준사관은 준위, 하사관은 조장·군조·오장, 병은 병장·상등병·일등병. 해군의 경우, 장교는 육군과 같지만 준사관은 병조장, 하사관은 상등병조·일등병조·이등병조, 병은 수병장·상등수병·일등수병·이등수병 순이다.

구체적인 사례는 뒤에서 다루겠지만, 일본군 내부의 계급 계층에 따라 재판의 흐름이나 결과에도 큰 차이가 있었다. 현지에서 상관이 부하에게 책임을 떠넘기고 도망친 사례도 많다.

또한 당시 일본은 조선과 대만을 식민지로 가진 대일본제국이었기 때문에 일본의 국민이었던 주민은 전범으로서 재판을 받았다. 사이판, 티니안 등 남양군도는 일본의 식민지가 아니라 국제연맹의 위임통치령이었기 때문에 일본 국민이 아니었으나 일본이 보호한 지역의 주민으로서 전범재판을 받았다. 북쪽을 보면 사할린 남부는 일본령이었기 때문에 현지에 사는 윌타나 니브흐인이 징용되었다가 전범이 된 사례도 있다. 즉 일본이 침략하여 병합한 지역 사람들이 일본의 전쟁에 동원되어 저지른 행위가 전쟁범죄로 재판받은 사례가 적지 않았다. 그런데 전후 일본 사회는 그러한 사람들이 전범이 된 사실을 무시하고 방치해 왔다.

일본인으로서 재판을 받았다고 해도 다 같은 '일본인'이 아니었다. 일본인이 재판받았다고 하는데 내실은 단순하지 않음을 유의하고 싶다.

### 다양한 시점

BC급 전범재판을 두고 종종 "승자가 패자를 재판했다(승자의 재판)"

라거나 "보복 재판"이라고 말하는 사람들이 있다. 하지만 그렇게 쉽게 딱 잘라 말할 수 있을까?

먼저 소개한 싱가포르 화교 숙청 사건에서 피해자와 재판한 자는 명확히 다른 집단이었다. 피해자는 싱가포르라는 식민지에 사는 민족이었고 종주국인 영국이 재판했다. 피해자는 중국계였고 재판은 유럽 백인이 했다. 하나오카 사건의 피해자는 중국인이지만, 재판은 미국 백인이 했다. 이시가키섬 사건은 피해자와 재판한 자가 모두 미국인이었다.

강간이나 강제 매춘 같은 성범죄를 생각하면 피해자는 여성이지만 재판하는 측(검찰이나 수사원, 재판관이나 정책결정에 관계한 자를 포함)은 모두 남성이었다. 지금도 남성우월사회에서는 여성 성폭력 문제를 정확히 이해하지 않고 부당하게 처리하는 경우가 있는데, 당시에는 그러한 경향이 훨씬 심했을 것이다. '같은 국민이니까 같은 이해관계에 있다'고는 도저히 말할 수 없다. 더욱이 피해 여성이 아시아계인지 서구계인지에 따라 재판하는 쪽인 백인 남성의 대응도 달랐을 것이고 실제로도 그랬다.

중국이나 필리핀의 재판에서 기본적으로 피해자와 재판 측은 같은 국민이었다고 할 수 있지만 대체로 일반 민중이 피해자였던 데 반해, 반대로 재판하는 쪽(특히 정책을 결정하는 자)은 사회 엘리트였다. 전후 일본과 거래하여 경제적 이익을 보리라 예상한 엘리트층과 전쟁범죄의 피해자이며 그러한 이익을 누리지 못할 일반 민중이 전범 처벌을 바라보는 자세는 달랐다. 더욱이 중국의 경우, 국민정부는 공산당 지구에서 일본이 자행한 잔악 행위를 여러 가지 사정으로 인해 다루지 않았다. 같은 국민이라도 이념에 따라 대접이 달랐다.

즉 전범재판은 종주국과 식민지, 서구인과 아시아인, 민족의 차이, 엘리트와 민중, 남성과 여성 같은 다양한 요소가 엮여서 실행되었으며 '승자와 패자'니 '피해자의 보복'이니 하는 단순한 말로 이해할 수 있는 것이 아니다. 대일본제국의 '일본인' 내부의 계급 구조의 문제와 합쳐서 지금까지의 논의는 국가라는 이념에 사로잡혀 국가 단위만 생각하고 만 것이 아닐까? 국가라는 단위가 하나의 중요한 요소임은 부정하지 않지만 국가에 머무르지 않고 복안적으로 문제를 생각할 필요가 있을 것이다.


## BC급 전범재판을 다루는 의의

오늘날 세계를 둘러보면 전쟁이 원인인 참화는 줄지 않았다. 특히 일본은 그러한 전쟁에 적극 가담하여 당당하게 참가할 수 있는 태세를 만들려고 한다. 이러한 상황에서 나는 전쟁을 없애거나 혹은 줄이기 위해, 그리고 불가피하게 전쟁이 일어나더라도 가능한 한 희생자를 줄이기 위해 우리가 전범재판 경험으로부터 무엇을 배워야 할지를 생각하며 이 책을 써내려가고 있다.

전후 일본 사회는 1990년대에 이르기까지 아시아 가해 문제, 즉 일본의 전쟁범죄와 전쟁 책임 문제를 해결하기 위해 노력하지 않았다.

평화 운동이나 호헌 운동도 마찬가지였다. 이 점은 BC급 전범재판을 제대로 연구하지 않았다는 사실과도 관계있을 것이다. 전쟁 포기를 내세운 일본국 헌법의 평화주의를 적극적으로 활용하기 위해서라도 일본이 저지른 전쟁범죄 문제를 제대로 직시하고, 그러한 범죄를 일으킨 사회나 조직, 개인의 자세를 철저히 해부하여 반성과 개혁, 피해자에게 성실한 사죄와 보상을 실현함으로써 전쟁을 부정하려는 노력을 해야 할 것이다. 이 책도 그러한 노력의 하나라고 생각한다.

나 자신이 일본계 일본인 남성이다 보니 나의 위치를 초월한 자유로운 논의를 진행하는 데는 어느 정도 한계가 있을 것이다. 그래도 나는 '전쟁이 초래하는 피해'를 가능한 한 줄이고 싶어하는 입장으로서, 재판한 쪽, 피해자, 재판받은 쪽 각자의 자료와 주장에 유의해 BC급 전범재판의 실상에 다가서고, 여기서 발생하는 의의와 문제점을 파악해 이것들을 어떻게 전쟁 피해를 줄이는 방향으로 적용할 수 있을지 생각해보고 싶다. 동시에 '심판할 수 없었던 문제'도 봄으로써 이 재판의 특징과 한계도 짚어낼 수 있을 것이다.

나는 말레이 반도를 비롯한 아시아의 전쟁 피해자(대부분 일본군이 자행한 학살에서 가까스로 살아남은 사람들이다)를 찾아가서 인터뷰해 왔는데, 일본의 침략 때문에 피해를 입은 사람들의 시선을 소중히 하고 싶다.

이 책에서는 지금까지 말한 시점을 살려 현재 이용할 수 있는 각국의 자료나 아시아태평양 각지의 피해자 조사에도 입각하여 냉정하게 재판의 실태와 의미를 생각하고 싶다.

제1장
# 왜 전쟁범죄를 심판하게 되었을까?

# 제1장
# 왜 전쟁범죄를 심판하게 되었을까?

먼저 일본이 저지른 잔악 행위가 어째서 그러한 형식의 BC급 전범 재판을 통해 심판받았냐는 문제를 생각하고 싶다. 무엇을 '전쟁범죄'로 규정할 것인가는 처음부터 정해져 있던 것이 아니며, 이는 전쟁범죄를 어떻게 재판할 것인가라는 지점에서도 마찬가지였다. 상황이 이렇다 보니 주요 전범을 다룬 뉘른베르크재판 방식은 1945년 8월에야 결정되었고, 도쿄재판의 방식은 더욱 나중에 결정되었다. BC급 전범 재판 역시 주요 전범의 취급과 관계되어 있다 보니 각국은 구체적인 진행 방식 등을 다소 늦게 결정하게 되었다. 당대의 전시 논의를 따라가 보자.

# 1. 연합국 내의 논의

## 피해자의 전범 처벌 요구

일본이 중국을 상대로 일으킨 전면전쟁은 1937년 7월부터, 유럽의 전쟁은 1939년 9월부터 시작되었다. 제2차 세계대전에서 독일과 일본은 광범위한 지역에서 대규모로 잔악 행위를 저질렀기에 지금까지의 전시국제법이 상정한 개개의 잔악 행위라는 수준을 훨씬 뛰어넘었기 때문에 전쟁 중부터 전시국제법의 재검토를 제기하는 의견이 나왔다.

1940년 11월 폴란드와 체코슬로바키아 정부가 발표한 공동성명이 추축국의 잔악 행위에 대한 정부의 첫 성명이라 볼 수 있다. 두 망명 정부는 본국에서 독일이 저지른 폭행이나 잔악함은 인류사에서 비슷한 사례를 볼 수 없다고 엄중히 비난했다. 이듬해 10월에는 루스벨트(Franklin Roosevelt) 대통령과 처칠(Winston Churchill) 수상이 각자 성명을 발표하여 독일이 각지에서 잔악 행위를 저지르고 있음을 지적했다. 처칠은 성명에서 "이러한 범죄들의 처벌은 이제 주요 전쟁 목적으로 삼아야 한다."라고 선언했다. 뒤이어 소련도 11월 25일 몰로토프 외무장관이 나치스의 잔악 행위를 비난하는 성명을 발표하여 미국, 영국의 움직임에 합류했다.

전쟁범죄에 대한 최초의 움직임으로서 1942년 1월 3일 세인트 제임스 궁전 선언(Declaration of St James's Palace)이 주목을 받는다. 벨기에, 체코슬로바키아, 폴란드 등 유럽 9개국이 런던의 세인트 제임스 궁전에 모여 독일이 시민을 상대로 저지르는 폭력을 비난하고 재판을 통해 이러한 범죄를 명령한 자나 실행자를 "처벌함을 주요 전쟁 목적에 넣기로" 결의했다. 연합국 사이에서 잔악 행위의 책임자를 재판을 통해 처벌하기로 선언한 첫 공식 선언이라 할 수 있다. 참관인으로 출석한 중국 대표도 이 선언에 동의하고 일본에도 마찬가지로 원칙을 적용할 의사를 표명했다. 나중에 소련도 이 선언에 동의했다.

선언에 동의한 국가들은 미국, 영국에 실행을 요구했다. 영국과 미국은 전범 처벌에 나서기를 주저했다. 제1차 세계대전 후 독일을 대상으로 한 전범재판이 잘 진행되지 않았고, 나아가 독일이 포로로 잡은 폭격기 탑승원들을 전범으로 처벌하겠다고 위협하여 두려웠기 때문이다.

하지만 그러한 나라들의 요구에 밀려 1943년 10월 런던에서 호주, 벨기에, 캐나다, 중국, 체코슬로바키아, 그리스, 인도, 룩셈부르크, 네덜란드, 뉴질랜드, 노르웨이, 폴란드 남아프리카, 영국, 미국, 유고슬라비아, 프랑스(자유프랑스) 등 17개국이 참여한 연합국전쟁범죄위원회가 발족했다. 이 위원회에서 전범 처벌을 둘러싼 중요한 논의를 했다.

딱 여기에 맞추는 꼴로 11월 1일 미국, 영국, 소련의 정상이 모스크바선언을 발표했다. 선언문에서 독일이 저지르는 잔악 행위의 책임자는 범죄를 저지른 나라에서 재판한다는 원칙을 선언하고, 또 "범죄가 특정한 지리적 제한을 갖지 않는다."라며 주요 전쟁범죄인의 취급은 장래 연합국의 결정에 맡겼다.

잔악 행위 책임자를 재판에서 처벌하라는 목소리는 추축국, 특히 독일이 조국을 유린한 중, 소국에서 나왔다.


## 전쟁범죄를 어떻게 재판하는가?

제2차 세계대전 시점에서 전쟁범죄는 크게 두 가지로 나눌 수 있다. 하나는 '전쟁법규관례위반', 이른바 '통상 전쟁범죄'라 부른다. 법적 근거는 비인도적 병기의 사용 금지와 포로·부상자 보호 따위를 약속한 1899년과 1907년의 '지상전 법규관례에 관한 조약'과 부속서인 '지상전 법규관례에 관한 규칙(통칭 '헤이그 지상전법규')', 포로를 인도적으로 다루도록 규정한 1929년의 제네바조약 등이다. 이러한 전시국제법에 따라 국제법규를 위반하는 행위를 금지하고 위반한 적국민을 재판할 권리를 상대국에 인정한다는 것이다. 피해국은 각자 설치한 재판소에서 범죄자를 재판할 권리를 인정받았다. 종래 전시중죄(戰時重罪) 혹은 전시범죄라 불리며 전시 중에만 재판하여 처벌하도록 허용함으로써 상호 견제하여 전시국제법위반을 억제하려는 의도가 있었다. 하지만 제1차 세계대전 후 베르사유 조약에 따라 전쟁범죄인을 승전국에 인도하여 군사재판소에서 처벌하는 방식을 국제적으로 비로소 인정하였다. 즉 '극단적인 참화를 피하기 위한' 전시범죄라는 이해에서 국제법상의 범죄인 전쟁범죄로 성격이 바뀌었음을 의미했다. 이때 일본은 승전국으로서 그 점을 승인했음을 잊으면 안 된다.

또 하나는 전쟁이라는 수단에 호소하는 행위, 특히 침략 전쟁을 위법으로 규정하고 그러한 전쟁을 시작하는 행위를 전쟁범죄로 인식하는 사고였다. 총력전에 의해 많은 민간인도 희생된 제1차 세계대전에 대한 반성에서 전쟁에 호소하는 행위 자체를 금지하려고 했다.

나중에 전자는 '통상 전쟁범죄(B급)', 후자는 '평화에 대한 죄(A급)'로 불리게 되었다. 후자에 대해서는 처벌 수속 등을 1945년 8월 1일에 규정했기에 사후법이라는 비판을 받았으나 전자에 대해서는 제2차 세계대전 전부터 국제법상 범죄자를 피해국이 재판할 권리를 인정했다.

제1차 세계대전 때의 전쟁범죄에 대해서는 전후에 연합국이 독일을 상대로 용의자의 인도를 요구했으나 독일은 스스로 재판하겠다고 주장하여 결국 강행하는 형태로 독일 스스로 라이프치히최고재판소에서 재판하게 되었다. 하지만 9건의 범죄와 12명의 용의자를 기소했을 뿐인 데다가 그중 6명이 무죄를 선고받았다. 유죄를 선고받은 자도 금고 2년 혹은 4년 정도의 가벼운 형만 언도받았으며, 연합국은 엄중히 비판했지만 그 이상의 재판을 하는 일은 없었다. 이러한 실패의 경험은 제2차 세계대전 중 영국과 미국 등이 전범재판의 취급에 신중했던 요인이었다.

그런데 1943년 10월 탄생한 연합국전쟁범죄위원회는 연합국에 소속된 각국에서 국제법학자와 외교관 등이 참가하여 추축국의 전쟁범죄를 어떻게 다룰지 논의했다. 이 전쟁에서 매우 조직적이자 대규모 잔악 행위가 발생하여 현장에서 일어난 여러 잔악 행위의 책임자를 처벌하는 종래의 전쟁 범죄관으로 대처할 수 없는 점을 인식했다. 또한 그러한 대규모이자 조직적인 잔악 행위를 저지르는 전쟁을 계획, 준비, 개시, 수행한 국가와 군 등의 지도자를 재판하지 않으면 잔악 행위의 현장 관계자만을 재판해봤자 소용없다는 인식도 탄생했다. 훗날 '인도에 대한 죄'와 '평화에 대한 죄'로 정식화된 개념이 이때 처음으로 논의에 올랐다.

그리고 그러한 범죄를 재판하기 위해서 1944년 10월 각국별 재판소뿐 아니라, 국제조약에 근거하여 설치된 국제법정이 필요하다는 제안이 작성되기에 이르렀다. 또한 그러한 법정만으로는 모든 사건을 처리할 수 없기 때문에 각 방면의 연합군 최고사령관이 군사법정을 설치하여 심판한다는 제안도 동시에 나왔다. 즉 피해국이 단독으로 전쟁범죄를 재판할 권리를 인정하면서도 가능한 국제적인 법정을 통해 국제사회가 협력하여 전쟁범죄를 심판하도록 계획한 것이다. 그것은 추축국이 저지른 침략과 잔악 행위로 인해 피해를 입은 중소국의 의견을 반영했다. 런던에 있던 연합국전쟁범죄위원회는 이러한 안건들을 영국 정부에 제안하여 실현을 요구했다.

하지만 영국 정부는 이러한 국제법정이 대영제국 내부의 문제에 타국이 개입할 수 있는 계기가 될 가능성을 경계하여 제국 영토 내에서 제국 국민을 대상으로 한 범죄는 직접 재판하려고 했기 때문에 위원회의 제안을 묻기로 결의했다. 또한 독일의 지도자들을 재판에 회부하는 데에도 소극적이었으며 처칠 수상은 그들을 체포하여 즉결처분하기를 바랐다. 한편 또 다른 대국인 미국은 이 시점에서 정부의 통일된 방침을 정하지 못했기 때문에 위원회의 제안은 실현하지 못했으나, 그들의 생각은 훗날 재판의 전개에 큰 영향을 끼쳤다(졸저 「연합국 전쟁범죄 정책의 형성(連合国戦争犯罪政策の形成)」).

## 2. 미국이 주도한 주요 전범재판 구상

### 즉결처형인가 재판인가?

미국 정부는 1944년 여름까지 전쟁범죄 문제를 적극적으로 다루지 않았으나 그러한 상황은 루스벨트와 개인적으로도 관계가 깊었던 헨리 모겐소 주니어(Henry Morgenthau Jr.) 재무부 장관이 독일의 지도자들을 체포하면 재판에 회부하지 않고 즉결처형하고, '인도에 대한 죄'의 책임자는 군사법정에서 재판하도록 제안한 그해 9월부터 바뀌었다. 루스벨트도 이 생각에 영향을 받아 즉결처형론자인 처칠과 함께 그러한 노선에 기울 뻔했다. 이 상황에 위기감을 느낀 사람이 헨리 스팀슨(Henry Stimson) 육군장관이었다. 그는 그러한 정책이라면 도리어 독일을 철저히 항전하는 방향으로 몰아넣고 만다고 비판하고, 재판을 통한 처벌 방식을 주장하며 이에 맞섰다.

스팀슨의 지시를 받고 육군 내부에서는 재판을 검토하기 시작했다. 육군부 내에서는 연합국전쟁범죄위원회의 논의를 이어받아 개개의 장병이 저지른 범죄를 상정한 이전까지의 전쟁범죄 개념으로는 처리할 수 없는 추축국의 조직적이자 체계적인 잔악 행위, 나중에 '인도에 대한 죄'로 정식화될 잔악 행위를 전쟁범죄로서 재판해야 하며, 그리고 이러한 범죄를 저지르는 전쟁을 일으킨 최고 지도자와 각급 지도자와 실행자를 재판하자고 제안했다. 그러한 자들을 재판할 방법으로 공동모의론이 제기되었으며 또한 국제조약에 근거한 국제법정이 그들을 심판하는 안건이 작성되었다. 당초 공동모의론은 '인도에 대한 죄'를 재판하기 위해 도입한 개념이었다.

그 후 육군부가 주도권을 잡고 정부 내에서 논의한 결과, 1945년 1월 22일부로 국무장관·육군장관·법무장관이 공동서명하여 루스벨트 대통령에게 각서 「나치스전쟁범죄자의 재판과 처벌에 관한 건」을 제출했다. 각서 속에서 즉결처형방식은 "연합국 전체에 공통된 가장 기본적인 정의의 원칙을 위반한다"고 부정되었으며 주요 전범을 재판에 회부하고, 그렇게 하기 위해 정부간 협정에 근거한 국제법정을 설치하라고 제안했다. 그 이외의 개별 전쟁범죄는 모스크바선언이 규정했듯 해당 국가의 국내 재판소에서 재판할 것을 확인했다. 다만 이 각서가 정식으로 미국의 정책이 된 것은 루스벨트가 사망한 직후인 1945년 4월에 트루먼 대통령이 재가하고 나서였다.


## 뉘른베르크재판으로 가는 길

그리하여 미국 정부의 정책이 결정되고 1945년 4월 미국과 영국 정부 간 협의가 시작되었으나 영국 정부가 독일 지도자를 재판에 회부하는 데 저항했다. 하지만 4월 말 히틀러(Adolf Hitler)의 자살을 계기로(연합국은 5월에 그 사실을 확인했다) 영국 역시 독일 지도자를 국제적으로 재판한다는 안을 받아들였다. 히틀러가 법정에서 연설할지도 모르는 끔찍한 사태가 발생하지 않게 된 것이 큰 이유였다.

그 후 프랑스와 소련을 추가한 4대국 협의가 열렸고, 국제군사법정이라는 미국 안을 바탕으로 논의가 진행되어 8월 8일 간신히 런던협정 및 국제군사재판소조례를 체결했다. 이에 따라 독일의 주요 전범을 미국, 영국, 소련, 프랑스 4개국으로 구성된 국제군사법정이 재판하기로 결정했다. 이 법정은 정부 간 협정에 따라 구성된 국제법정으로 설치하기로 합의했다. 이 조례의 제6조에서 전쟁범죄를 세 가지 유형으로 정리했다. 조문을 인용하도록 하자.

ⓐ 평화에 대한 죄, 즉 침략 전쟁 혹은 국제조약, 협정 혹은 서약을 위반하는 전재계획, 준비, 개시 혹은 수행 또는 이러한 행위 중 하나를 달성하려는 목적을 가진 공통 계획 혹은 공동모의에 참가.

ⓑ 전쟁범죄, 즉 전쟁 법규 혹은 관례 위반은 점령지 소속 혹은 점령지 내의 일반 인민의 살상, 학대, 혹은 노예노동자나 그 외의 목적을 위한 추방, 포로 혹은 해상에서의 인민 살이 혹은 학대, 인질 살해, 공공이나 개인의 재물 약탈, 도시와 농촌에서의 자의적인 파괴 또는 군사적인 필요에 따라 정당화할 수 없는 황폐화를 포함한다.

단 이러한 사항에만 한정하지 않는다.

ⓒ 인도에 대한 죄. 즉 전쟁 전 혹은 전시에 모든 일반 인민을 대상으로 자행된 살인, 섬멸, 노예화, 추방 및 기타 비인도적 행위 또는 범행 지역 내 국내법의 위반 여부를 불문하고 본 재판소의 관할에 속하는 범죄의 수행, 혹은 이에 관련되어 행한 정치적, 인종적 및 종교적 이유에 근거한 박해 행위.

이 조문에 따라 이른바 '평화에 대한 죄(A급)', '통상 전쟁범죄(전쟁 법규 또는 관습의 위반, B급)', '인도에 대한 죄(C급)'가 정식화되었다. 극동국제군사재판소조례에서는 이 규정을 살짝 수정하여 적용했다. 런던협정의 협의 과정에서 4개국의 조정을 고려한 미국은 일본에 대해서는 자국이 주도권을 잡기로 결의하고 미 정부의 판단에 따라 연합군 최고사령관 맥아더의 명의로 극동국제군사재판소조례를 제정하게 했다. 뉘른베르크재판에서는 4개국에서 한 명씩 수석검찰관을 배출했으나 도쿄재판에서는 미국인 한 명만 임명하기로 하는 등 미국이 주도권을 잡았다.

뉘른베르크재판에서는 "특정 지리적 제한이 없는 범죄를 저지르는 전쟁범죄자"를 다루기로 했고, 도쿄재판에서는 "평화에 대한 죄를 포함한 죄"를 범한 자를 다루기로 했다. 일반적으로 '평화에 대한 죄(A급)'를 포함한 전쟁범죄자를 주요 전범 혹은 A급 전범이라 부른다. 일반적으로 그들은 국가나 군, 나치 등 조직의 지도자였다. 다만 이 두 재판에서도 B, C급 범죄를 심판했다는 사실을 알아두어야 한다(도쿄재판에서는 C급은 적용하지 않았다).

두 조례를 제정할 때 각국이 전쟁범죄자를 심리하기 위해 설치한 국제, 국내 혹은 점령군의 재판소의 관할을 방해하지 않으려고 했으며 주요 전범 이외의 경우는 각자의 재판소에서 다루기로 예정했다. 이렇게 종래의 국제법 이해, 즉 피해국이 범죄자를 재판하는 방식을 원칙상 채용했다. 그 이유로 영국처럼 종래의 국제법 해석을 유지하며 새로운 전쟁범죄 개념과 재판 방식에 소극적인 나라가 있었으며 영국이나 소련 등이 자국민을 대상으로 하는 전쟁범죄나 자국 영토에서 자행된 전쟁범죄를 재판하는 데 타국이 개입하는 상황을 싫어했다는 사실을 지적할 수 있다. 중소 국가나 국제법학자가 제2차 세계대전이라는 미증유의 전쟁에 대해 새로운 전쟁범죄 개념이나 국제법정 방식을 채용함으로써 전쟁 방지에 공헌하려고 했으나 그 의도는 BC급 전범재판의 경우, 부분적으로만 실현되었다(이에 대해서는 나중에 서술하겠다).

어쨌든 여기서 A급 전범재판과 BC급 전범재판이라는 두 가지 유형의 재판을 행하기로 확정한 것이다.


## 유럽의 BC급 전범재판

여기서 유럽에서 실시한 BC급 전범재판을 간단히 살펴보도록 하자. 유럽에서는 추축국이었던 독일, 이탈리아, 오스트리아, 헝가리 등의 국민이 전범이었다. 영국, 미국, 프랑스, 소련 4대국뿐 아니라 독일 등이 점령한 국가에서도 재판을 실시했다. 유고슬라비아, 폴란드, 노르웨이, 그리스, 네덜란드, 체코슬로바키아에 대해서는 연합국전쟁범죄위원회가 보고를 받았기 때문에 재판을 실행했음을 알 수 있다(표 1-1). 그 이외에 벨기에, 룩셈부르크, 캐나다에서는 전범재판 규정을 제정하였고, 벨기에와 룩셈부르크는 재판을 실시했다. 하지만 캐나다의 경우 자국의 포로 등에 대한 수사는 했으나, 재판은 영국과 미국에 위

[표 1-1] 세계의 전범재판 진행 상황(명/합계)

| 날짜 | | 합계 | 유럽 합계 | 미국 | 영국 | 프랑스 | 그리스 | 네덜란드 | 노르웨이 | 유고슬라비아 | 폴란드 | 극동 합계 | 미국 (GHQ) | 영국 | 호주 | 네덜란드 |
|---|---|---|---|---|---|---|---|---|---|---|---|---|---|---|---|---|
| 1946 | 1. 31. | 506 | 306 | 106 | 128 | 72 | | | | | | 200 | | 36 | 164 | |
| | 2. 28. | 639 | 365 | 117 | 165 | 83 | | | | | | | | 49 | 164 | |
| | 3. 31. | 740 | 426 | 142 | 183 | 101 | | | | | | 213 | | 206 | 244 | |
| | 4. 30. | 1,077 | 370 | 160 | 210 | 101 | | | | | | 370 | | 203 | 379 | |
| | 5. 31. | 1,374 | 630 | 232 | 297 | 116 | | | | | | 447 | 16 | 253 | 489 | |
| | 6. 30. | 1,673 | 726 | 241 | 369 | 130 | | | | | | 648 | 16 | 292 | 489 | |
| | 7. 31. | 2,138 | 876 | 319 | 427 | 138 | | | | | | 797 | | 406 | 620 | |
| | 9. 30. | 2,458 | 1,018 | 341 | 539 | 146 | 2 | | 16 | | | 1,120 | 225 | 505 | 620 | |
| | 10. 31. | 2,744 | 1,108 | 364 | 580 | 182 | 2 | | 16 | | | 1,350 | 225 | 553 | 674 | |
| | 12. 1. | 2,944 | 1,276 | 477 | 597 | 182 | 2 | | 16 | | 2 | 1,468 | 295 | 594 | 686 | 13 |
| 1947 | 1. 1. | 3,360 | 1,367 | 569 | 598 | 191 | 4 | | 16 | 47 | | 1,577 | 309 | 657 | 725 | 35 |
| | 2. 1. | 3,673 | 1,584 | 724 | 602 | 193 | 4 | | 16 | 47 | | 1,776 | 420 | 680 | 725 | 36 |
| | 3. 1. | 3,780 | 1,751 | 838 | 653 | 224 | 4 | | 16 | 68 | | 1,922 | 482 | 704 | 733 | 36 |
| | 4. 1. | 3,906 | 1,832 | 838 | 682 | 257 | 4 | | 16 | 79 | | 1,948 | 483 | 729 | 733 | 70 |
| | 5. 1. | 4,092 | 1,925 | 861 | 708 | 272 | 4 | 1 | 16 | 79 | | 1,981 | 483 | 744 | 733 | 71 |
| | 6. 1. | 4,296 | 1,971 | 861 | 738 | 272 | 4 | 1 | 16 | 79 | | 2,121 | 574 | 818 | 733 | 71 |
| | 7. 1. | 4,439 | 2,100 | 978 | 750 | 310 | 4 | 1 | 25 | 79 | | 2,196 | 574 | 858 | 756 | 116 |
| | 8. 1. | 4,542 | 2,158 | 978 | 761 | 310 | 4 | 1 | 25 | 79 | | 2,281 | 574 | 897 | 764 | 146 |
| | 9. 1. | 5,129 | 2,169 | 978 | 772 | 320 | 11 | 1 | 25 | 79 | | 2,373 | 574 | 949 | 768 | 195 |
| | 10. 1. | 5,219 | 2,647 | 1,400 | 811 | 342 | 11 | 1 | 25 | 79 | | 2,482 | 574 | 995 | 769 | 195 |
| | 11. 1. | 5,337 | 2,687 | 1,400 | 829 | 373 | 11 | 1 | 25 | 79 | | 2,532 | 574 | 1,057 | 769 | 195 |
| | 12. 1. | | 2,742 | 1,400 | 853 | 407 | 11 | 1 | | 79 | | 2,595 | 574 | 1,136 | 769 | 195 |
| 1948 | 2. 1. | 5,944 | 3,270 | 1,672 | 892 | 407 | 11 | | 63 | 79 | 145 | 2,674 | 574 | 1,136 | 769 | 195 |
| | 3. 1. | 6,264 | 3,470 | 1,672 | 909 | 427 | 11 | 2 | 74 | 79 | 296 | 2,794 | 574 | 1,143 | 769 | 308 |
| | 11. 10. | | | | 937 | | | | | | | | | 915 | 811 | |
| 1949 | 10. 1. | 1,682 | | 1,682 | 918 | | | | | | | 993 | 993 | | | |

출전: 연합국 전쟁범죄 위원회의 전범재판 월례 보고를 따라 작성. 1948년 10월 10일~1949년 10월 1일은 각국의 자료를 따라 보충했다.

주1) 이 표에서는 GHQ 이외의 미국재판을 비롯해 중국, 필리핀 등의 재판, 유럽에서도 룩셈부르크나 벨기에 등이 빠졌다. 체코슬로바키아는 전범과 대독 협력자를 합쳐서 1만 8,496명으로 되어 있다. 또한 몇 개월이나 수치가 같은 국가는 재판을 열지 않은 것이 아니라 보고를 하지 않았다는 경향을 보기 위해 귀중한 자료로 판단한 수치이다. 따라서 상황을 정확히 전하는 자료로 귀중한 자료이다.

주2) 1946년 8월과 1948년 1월은 데이터를 찾지 못했다. 위원회 데이터는 1948년 3월 1일이 마지막이다.

주3) 극동의 영국 항목에는 GHQ에 보낸 건수도 포함했다. 1947년 10월 1일 949명 중 129명이 해당하며 영국재판은 820명이다.

임했다. 미국은 캐나다가 도쿄재판에 참가하는 조건으로 수락했다.

또한 덴마크, 스위스, 브라질에서 독일인을 대상으로 하는 전범재판이 열렸다는 보고가 일본의 외무성 자료 속에 있다. 또한 호주, 이탈리아, 루마니아, 헝가리, 불가리아는 추축국에 속했어도 전후 새로 들어선 정권이 전범재판의 규정을 제정했다. 다만 이 나라들의 상황은 알 수 없다. 또한 호주는 영국에 유럽 내 재판을 위임했다.

독일을 대상으로 한 재판의 대부분은 영국, 미국, 소련, 프랑스 점령 지역에서 열렸다. 미국 육군부 전쟁범죄국의 자료에 따르면 미국 점령 지역은 다하우 등에서 1,682명(다만 61명은 호주)을 재판했다. 미국 이외에 뉘른베르크 후속 재판에서 185명, 이탈리아에서 14명을 재판하여 유럽에서 총 1,881명을 재판한 셈이다. 영국 육군성의 자료에 따르면 영국 점령 지역에서는 937명, 또 지중해 방면(이탈리아와 오스트리아)에서 130명(다만 미국과 중복되었을 가능성이 있다), 합계 1,067명을 재판했다. 프랑스 점령 지역에서는 2,107명에게 유죄 판결을 내렸다. 소련 점령 지역에서는 약 1만 8천 명이 유죄 판결을 받았다고 한다. 이 4개국 이외의 전범재판에서는 약 5만 명의 독일인이 유죄 판결을 받았다고 추정된다(이시다 유지(石田勇治), 『과거의 극복(過去の克服)』).

미국의 재판을 보면 독일에서 재판한 1,672명(1948년 10월 시점) 중 사형 판결이 426명(사형 확정 299명), 무죄는 256명이었다(미 육군부 자료). 영국의 재판에서는 937명 중 사형 판결은 230명, 지중해 방면에서는 130명 중 15명이었다.

유럽의 사례에서 눈에 띄는 것은 대적 협력자 재판이다. 실제 수치를 알기는 어렵지만, 체코슬로바키아의 경우 1만 8,496명이라고 연합국전쟁범죄위원회에 보고했다. 이는 전범도 포함된 숫자라고 밝혔으나 대부분 대적 협력자였던 것으로 보인다. 폴란드에서는 전범이 296명인 데에 반해, 대적 협력자는 9,121명이었다. 전쟁 중 독일이 점령한 나라들에서는 이러한 대적 협력자가 대규모, 게다가 엄중히 처벌되었으나 실제 수치는 알기 어렵다.

또한 독일에서는 연합국의 관리이사회법 제10호 「전쟁범죄, 평화에 대한 죄 및 인도에 대한 죄를 범한 자의 처벌에 관한 죄」(1945년 2월 20일 공포)에 근거하여 뉘른베르크 후속 재판을 열면서 동시에 법을 따라 '인도에 대한 죄'를 재판할 권한을 독일 재판소에 부여했다.

이 권한은 독일인이 독일인 혹은 무국적자에 대한 범죄에 한정했지만 이에 근거해서 독일의 재판소가 나치스의 불법 행위를 재판했다. 서방 지구에서는 약 5천 명이 유죄를 선고받았고, 그중 800명이 사형 판결을 받았다. 소련 지구에서는 약 1만 명이 유죄 판결을 받았다. 그 후 1951년 8월 제10호는 폐지되었다. 서독 정부는 연합국의 전범재판을 인정하지 않는 입장을 취했기 때문에 '인도에 대한 죄'를 적용하지 않았으나 그 후 독일 형법(모살죄와 고의살인죄 등)을 적용하여 나치 범죄를 재판한다(이시다 유지, 『과거의 극복』).

독일을 중심으로 하는 유럽의 전범재판에서 재판한 숫자는 상술한 숫자를 합하면 약 9만 명에 달한다. 한편 일본의 경우, 뒤에서 상세히 서술하듯 소련재판을 포함해서 9천 명 남짓했다. 이미 독립국이었던 피해국 다수가 직접 전범재판을 실시한 독일의 경우와 피해지 대부분이 서구 열강의 식민지였기에 직접 재판을 하지 못했고, 또 최대의 피해국 중국이 내전 때문에 대일유화적이었던 일본의 상황 차이가 드러난다고 생각한다.

# 3. BC급 전범재판의 방식

## 대일 전범재판의 세 가지 유형

연합국이 일본을 대상으로 한 전범재판은 크게 세 가지 유형으로 구분할 수 있다. 도쿄재판, GHQ 재판(마루노우치재판이라고도 부른다), BC급 재판이다.

여기서 GHQ 재판에 대해 서술하자. 도쿄재판은 1948년 4월 심리를 마쳤고 11월에 판결을 내렸다. 당초 도쿄재판에서 기소된 28명 이외에도 후속 재판을 할 예정으로 많은 A급 전범 용의자를 체포했으나 미국은 1948년 초에 후속 재판을 실시하지 않기로 결정했다. 하지만 1948년 10월 GHQ는 「전쟁범죄피고인재판규정」을 제정하여 ABC 세 종류의 전쟁범죄를 관할하는 전범법정을 새로 설치했다. 그리고 체포된 용의자 중에서 전시에 연합함대 사령장관과 군령부 총장을 역임한 도요타 소에무(豊田副武) 해군 대장과 포로정보국 장관 겸 포로관리부장인 다무라 히로시(田村浩) 육군 중장을 각각 기소했다. A급 전범에 해당했으나 생각대로 되지 않고 시간도 걸리는 국제법정을 피하고 싶었던 미국이 BC급 전범재판과 다른 법적 근거에 따라 실시한 재판이며 준 A급 재판이라 부르기도 했다. 전자는 무죄, 후자는 중노동 8년형을 선고함으로써 1949년 2월에 재판은 끝났다.

독일에 대한 재판에서는 뉘른베르크재판과 후속 재판, BC급 전범재판이라는 세 가지 종류가 있었기에 GHQ 재판은 후속 재판과 비슷하다. 다만 독일의 후속 재판에서 장관과 차관, 군 지도자, SS 친위대나 나치 간부, 기업 간부 등 합계 12건, 185명이 기소된 사실과 비교하면, GHQ 재판은 너무 임시적이라는 느낌을 주는 재판이었다.

[표 1-2] 연합국전쟁범죄위원회가 확인한 전쟁범죄 목록

| 번호 | 내용 |
|---|---|
| 1 | 모살, 집단 살해, 조직적 테러 행위 |
| 2 | 인질 살해 |
| 3 | 일반 민중을 고문함 |
| 4 | 고의로 일반 민중을 굶주림에 처하게 함 |
| 5 | 강간 |
| 6 | 강제 매춘을 위해 부녀자를 유괴 |
| 7 | 일반 민중을 추방 |
| 8 | 비인도 상황 속에서 일반 민중을 억류 |
| 9 | 일반 민중을 적의 군사 행동에 관계된 작업에 강제로 종사시킴 |
| 10 | 군사 점령 중 주권 박탈 |
| 11 | 점령 지역 주민을 강제 징병 |
| 12 | 점령 지역 주민의 국적을 박탈 |
| 13 | 약탈 |
| 14 | 재산 몰수 |
| 15 | 불법 혹은 과중한 부과금 또는 징발 강요 |
| 16 | 통화 위조 또는 위조 통화 발행 |
| 17 | 연좌제를 부과함 |

| 18 | 재산 파괴 |
|---|---|
| 19 | 무방비 지역을 고의로 포, 폭격함 |
| 20 | 종교, 자선, 교육, 역사적 건물을 멋대로 파괴하는 행위 |
| 21 | 경고 없이 승객, 승무원의 안전 수단을 강구하지 않고 여객선 또는 상선을 파괴하는 행위 |
| 22 | 어선 또는 구조선을 파괴함 |
| 23 | 병원선을 고의로 포격함 |
| 24 | 병원선을 공격하거나 파괴 |
| 25 | 적십자에 관한 여러 규정을 위반함 |
| 26 | 독성 및 질식성 가스를 사용함 |
| 27 | 폭발성 혹은 비산성 총탄 또는 나머지 비인도적 기구를 사용함 |
| 28 | 구명하지 말라는 등의 명령을 내림 |
| 29 | 부상자 또는 포로[1] 학대 |
| 30 | 허용되지 않은 방법으로 포로를 노동시킴 |
| 31 | 휴전기 남용 |
| 32 | 우물에 독극물을 투여함 |
| 33 | 무차별 집단 체포 |

BC급 전범재판의 근거가 된 법은 재판을 실시한 각국이 제정했다. 그래서 무엇을 전쟁범죄로 간주하는지는 나라별로 달랐다. 다만 연합국전쟁범죄위원회가 1943년 12월에 확인한 목록이 구체적으로 어떠

---

1  당시에는 '부로(浮虜)', '부로수용소'라는 표현을 썼다. 이 책에서는 당시 존재한 기관을 표기할 경우에는 '부로'를 쓰지만, 그 외의 경우에는 현재 흔히 쓰는 '포로'를 쓰겠다.

한 행위를 전쟁범죄로 간주했는지를 보여준다. 이 목록의 바탕은 제1차 세계대전 때 연합국이 1919년 작성한 것으로 일본과 이탈리아도 연합국으로서 작성에 참가하고 승인했다(1944년 5월 마지막 항목 하나가 추가되어 33개 항목이 되었다). 그 목록은 표 1-2와 같다.

또한 BC급의 호칭을 보면 어떤 사람들은 B급은 군사령관 등 군지도자 혹은 명령자, C급은 실행자를 가리킨다고 이해한다. 이것은 1945년 12월 15일 자 일본의 신문에 게재된 GHQ 법무부장 카펜터(Alva Carpenter) 대령의 담화가 근거인 것으로 보인다. 하지만 나중에 GHQ가 작성한 활동 보고에서도 재판소 조례의 ABC 항목을 근거로 BC급이라는 명칭을 사용하기에, 'B급은 명령자고 C급은 실행자다'라는 이해는 완전히 잘못된 것은 아닐지라도 BC급 전범재판의 설명으로서는 타당하지 않다.

흔히들 BC급 전범재판이 각국별로 실시되었다고 이해한다. 간략하게 설명할 때는 그렇게도 말하지만, 엄밀히 말하자면 조금 부정확한 표현이다. 예를 들어 요코하마재판의 근거가 된 「전쟁범죄피고인재판규정」은 GHQ가 제정한 법률에 따라 미 제8군이 연합군 재판이라는 형식을 취해 실시했다. GHQ는 연합군 조직이었기에 GHQ 법무국에는 영국, 네덜란드, 캐나다, 중국, 호주의 연락부도 배치하여 각각 수사원 혹은 군사위원회 위원(재판관에 해당)에 그 나라의 장교가 취임했다. 그러한 점에서 국제군사법정이라는 형식을 취했다.

영국재판도 마찬가지였다. 영국재판은 영국 국왕의 칙령에 따라 제정된 「전쟁범죄인재판규정」이 근거였는데, 실제 수사나 기소, 재판의 실시는 연합군 동남아시아 사령부(최고사령관 마운트배튼(Philip Mountbatten) 영국 해군 대장)의 지휘를 받는 동남아시아 연합지상군사령부(주력은 영국군)가 담당했다. 연합지상군사령부는 필리핀을 제외한 동남아시아 내 일본의 전쟁범죄를 기소할 권한을 가졌다. 예를 들어 프랑스 식민지였던 인도차이나에서 격추된 미군기의 탑승원에 대한 범죄를 다룬 경우에는 범죄 현장을 보면 프랑스, 피해자를 보면 미국이 재판할 권한을 가졌으나 실제로는 영국(연합지상군)이 재판했다. 또는 미군은 인도중국전선(버마에서 중국 운남성까지)에서 미군을 대상으로 한 전쟁범죄를 수사했으나 그 용의자들의 재판은 영국군에 위임했다. 당사국이 재판을 할 수 없는 경우 연합군 조직인 연합지상군이 재판할 권리를 부여받았기 때문이다. 미국과 영국은 동남아시아(필리핀 이외)에서 미군이 피해를 입은 경우는 영국, 일본이나 조선, 대만에서 영국군이 피해를 입은 경우 미국에 재판을 위임하는 방식을 채택했다.

이러한 점을 고려하면 연합국전쟁범죄위원회가 제안한 '연합군 최고사령관이 여는 국제군사법정'이라는 방식은 실제로 제안대로는 아니더라도 일부를 실행했다고 할 수 있다. 따라서 BC급 전범재판은 각국이 개별로 한 개별방식과 연합군 최고사령관이 소집하는 국제군사법정의 성격을 일부 갖는 재판(영국, 미국 중 한 나라가 주도권을 쥐는 형태였으나)이라는 두 가지로 나눌 수 있을 것이다.

## 전범 수사와 용의자 체포

연합군은 전쟁 중일 때부터 다양한 루트를 통해 전쟁범죄 정보를 수집했다. 중국이나 싱가포르, 필리핀 등지에서 발생한 주민 학살, 헌병의 잔혹한 고문, 독가스 사용, 포로수용소에서 발생한 포로 학대나 타이-버마철도 건설 당시 포로가 강요받은 가혹한 강제 노동, 네덜란드령 동인도(인도네시아)와 태평양 제도에서 발생한 서방 민간의 살해나 학대, 뉴기니 등에서 있었던 식인 사건 등의 정보가 전해졌으며 연합군의 반격이 진행되면서 그러한 정보도 늘었다. 이러한 인식을 바탕으로 연합국은 포츠담선언에서 "우리 포로를 학대한 자를 포함한 모든 전쟁범죄자를 엄중히 처벌할 것이다."라고 선언했다.

일본의 패전과 함께 연합군은 무엇보다도 일본에 있는 포로를 서둘러 구출했는데, 구출된 포로 한 사람 한 사람으로부터 일본군이 저지른 학대 등의 잔악 행위에 관한 정보를 수집했다. 포로수용소 안에서도 법무장교들은 그러한 사실을 비밀리에 기록했다. 영국군의 경우, Q폼이라는 서식을 이용하여 한 사람, 한 사람으로부터 3만 5,963건의 정보를 모았으며, 그중에서 구체적인 사례는 선서진술서를 작성하여 연합군 동남아시아 사령부와 GHQ에 보내 수사 자료로 제공했다. 그리하여 영국인 포로가 작성한 선서진술서는 2,145건, 용의자 수는 3,061명에 달했다. 이 경우, 대부분은 포로를 대상으로 한 범죄였다.

연합국전쟁범죄위원회는 각국이 보낸 정보를 바탕으로 최초의 전쟁범죄인 명단을 1944년 12월에 작성했다. 주로 독일을 대상으로 했으며 712명의 이름이 올랐다. 1945년 3월에는 호주가 제공한 정보를 바탕으로 첫 일본인 전범 명단을 작성했다. 위원회는 1948년 3월까지 3만 6,529명의 이름이 적힌 명단을 작성했다. 이것도 독일이 주된 대상이었으며 일본인은 합계 440명에 불과했다. 반대로 중국의 중경에 설치된 위원회의 극동태평양소위원회는 명단을 독자적으로 작성하여 1945년 8월 17일 127명분의 일본인 전범 명단을 작성했고, 이후 합계 26점의 명단에 3,158명의 이름이 올랐다(중요한 증인을 포함). 연합군 동남아시아 사령부에서도 1945년 9월 26일 이래 일본인 전범 명단을 순차 작성하여 11월 10일까지 1,117명의 이름을 올렸다(최종적으로는 적어도 25점의 명단을 확인할 수 있다). 이러한 전범 명단은 차례대로 작성되어 각국의 전쟁범죄 수사를 담당하는 부서에 배포되어 전범 체포에 도움이 되었다. 연합군이나 각국 수사 당국은 이 명단에 근거를 두고 무장 해제한 일본군 중에서 용의자를 골라내어 기소하려는 나라에 인도했다. 또한 헌병이나 포로수용소 관계자 등은 이 명단들에 실리지 않았어도 따로 모아 구류하여 수사 대상으로 삼았다.

일본 점령을 담당한 GHQ는 1945년 9월 11일 도조 히데키(東條英機) 전 수상을 포함한 전범 용의자 43명을 체포한 이래, 나머지 전범을 차례대로 체포했다. 1948년 7월 1일까지 총 체포 명령 수는 2,636명에 달했으며 그중 34명을 제외한 나머지를 체포, 또는 기소했다. 맨 처음 미군 헌병이 직접 체포했지만 그 후 GHQ가 일본 정부에 체포 명령을 내리고 일본 경찰이 체포하여 GHQ에 인도하는 방식을 채용했다. 체포된 용의자는 11월 이래 도쿄의 스가모형무소에 수용되었다. 미국 이외의 국가에서는 용의자가 일본에 돌아갔다고 보일 때 GHQ에 체포를 의뢰하고, 경찰이 용의자를 체포하면 GHQ를 통해 인도받았다.

연합군 동남아시아 사령부에서는 1946년 5월 시점에서 8,900명의 용의자(기본적으로 영국이 재판자로서)를 체포했다. 그해 10월 상순 시점에서 제1복원국 법무조사부가 작성한 자료에 따르면, 해외의 전범 용의자(기결자도 포함)는 약 1만 1천 명 남짓으로 추정된다. 연합군 전체에서 전범 용의자를 얼마나 체포했는지에 대한 정확한 수치는 낼 수 없지만, 1만 명을 훌쩍 넘는 것은 틀림없다. 또한 헌병이나 포로수용소 관계자로 일시 구류된 자를 포함하면 막대한 수에 달할 것이다.

GHQ와 동남아시아 사령부에는 각국의 연락장교가 파견되어 전쟁범죄의 수사나 용의자에 관한 정보를 교환하고, 체포에도 서로 협력했다. 일본, 조선, 대만, 필리핀에서의 범죄는 GHQ, 필리핀을 제외한 동남아시아에서의 범죄는 동남아시아 사령부에 정보가 모였다.


## 일본 측의 대응

연합국의 이러한 움직임에 일본 측은 어떻게 대응했을까? 일본의 패전이 결정된 직후부터 정부나 군의 각 기관은 문서를 태우고, 전쟁범죄의 증거가 될 만한 것은 차례차례 처분했다. 국내뿐 아니라 해외에 파견된 군이나 재외공관도 똑같이 행동했다. 이러한 사실이 그 후의 사실 해명에 큰 장애가 되었음은 우선 지적할 필요가 있다.

전범이 처음으로 체포된 이튿날인 9월 12일, 일본 정부는 임시각료회의에서 국제법규 및 전쟁법규를 위반한 자를 일본이 스스로 재판하는 방침을 결정하고, 조사를 위해 20일, 와카마쓰 다다카즈(若松只一) 육군차관을 위원장으로 하는 부로관계조사중앙위원회를 설치했다. 이 위원회는 포로 학대 문제를 중심으로 조사하고 보고서를 작성했다.

당초 천황은 이 자체 재판을 반대했지만 결국 승인했다. 일본은 군법회의를 통해 8명을 처벌했다. 예를 들어 혼마 마사하루(本間雅晴) 육군 중장은 필리핀의 바탄작전이 종료된 후 미-필리핀군 포로 취급에 대한 책임을 추궁받아 예우 정지 처분을 받았다. 이른바 '바탄 죽음의 행진'을 말하는데, 단순한 행정처분이었을 뿐이라 연합국이 도저히 용인할 수 없었다. 1946년 2월 GHQ가 일본 측의 자체 재판을 금지했기 때문에 재판은 중지되었다.

민간에서는 1945년 12월 10일 침략 전쟁이나 치안유지법에 반대하는 투쟁을 해 온 후세 다쓰지(布施辰治) 변호사가 신문에 「전쟁범죄인처벌시안」을 발표했다. 후세는 전쟁범죄자와 전시에 이득을 본 자에게 반성하는 '수기'를 쓰게 하고, 공중이 보는 앞에서 책임을 추궁한 다음 징역형 대신에 농경지 개척이나 공동작업장 건설일 등을 시키고, 벌금형 대신 적십자나 전쟁피해고아육영사업 등에 자금을 제공하게 하자고 제안했다.

또한 일본공산당 등은 태평양전쟁 개전일에 해당하는 1945년 12월

8일 「전쟁범죄인추궁인민대회」를 개최하여 1,600명의 전범명단을 발표하고 정부와 GHQ에 제출했다.

하지만 일본 측의 이러한 움직임은 확산되지 않았으며 연합국이 직접 전범을 처벌할 의사는 굳건했다. 제1차 세계대전 이후 독일이 실시한 재판이 실패한 경험을 통해서도 일본 측의 자체 재판을 인정할 가능성은 없었을 것이다.

전범을 고발하려는 일본인은 GHQ 등에 고소하여 재판을 추구하는 행동에 나섰다. 그런 가운데 관계자가 은폐하려고 획책한 범죄가 폭로되는 경우가 여럿 발생했다. 앞서 소개한 이시가키섬 사건이 그러했다.

제2장
전범재판은 어떻게 진행되었을까?

# 제2장
# 전범재판은 어떻게 진행되었을까?

이번 장에서는 BC급 전범재판의 수속을 설명하면서 대일재판의 전체적 경과와 재판의 전반적인 특징을 소개한다.

## 1. 재판 수속

### 법적 근거

헤이그 조약과 그 부속서인 「지상전 법규」나 일련의 제네바조약 등 전시국제법이 전쟁범죄의 국제법상의 근거가 되었음은 앞 장에서 이미 말했다. 그런 다음 실제 BC급 전범재판은 연합군 조직 혹은 국가별로 법을 제정하여 처벌의 수속을 정하고 실시했다.

영국, 미국, 호주 등 영미 계열 국가에서는 '전쟁의 법규 또는 관례'를 위반하는 행위를 다루는 군사재판소(미국은 군사위원회)를 설치했다. 한편 유럽 대륙의 국가에서는 국내 형법상의 범죄로서 동시에 전시국제법도 적용한다는 생각을 채택했다. 네덜란드는 본국 재판에서는 후자를 택했으나 식민지인 인도네시아에서는 전자를 채택했다. 중국의 재판에서는 전시국제법과 함께 국내 형법도 적용했다. 미국은 전자였으나 해군이 실시한 괌재판에서는 괌 형법을 적용하였기에 후자도 받아들였다. 미국 이외의 국가에서는 하나의 법령에 근거하여 대일전범재판을 실시한 사실과 달리, 미국에서는 재판 지역별로 각각 법령을 제정했다.

재판의 실행은 미국과 필리핀의 경우 군사위원회(Millitary Commission), 영국, 호주, 프랑스, 중국은 군사재판소(혹은 군사법정), 네덜란드는 임시군법회의가 주재했다. 모두 보통 재판소와 달리 전범을 다루기 위해 특별히 설치한 법정이었으며 수속 과정을 간추렸다.


## 재판 수속

재판의 수속은 나라별로 다르지만 영국을 모델로 삼아 설명하도록 하자.

칙령에 따라 제정된 특별군령 「전쟁범죄인재판규정」(1945년 6월)에 근거하여 영국 국왕이 권한을 부여한 장교가 전범재판을 소집, 형을 확정할 권한을 갖게 되었으나 대일 전범재판에 대해서는 구체적으로는 동남아시아연합지상군의 지휘를 받는 군사령관에게 그 권한을 부여했다(예를 들어 영국군의 말라야군 사령관, 버마군 사령관 등). 소집관인 군사령관은 재판을 소집했다. 피고에게는 사전에 기소장, 증언 초록, 증거물의 사진을 건넸다. 원칙상 재판은 공개했다. 재판관은 3명 또는 5명으로 구성되었으며 변호인을 선임할 수 있으며 일본인이 변호인인 경우에는 영국군 장교를 조언자 역할로 배정했다.

재판 초기에는 피고에게 공소된 사실을 인정하는지를 묻는다. 만약 피고가 "유죄"를 인정하면 사실 여부를 조사하지 않고 바로 판결 절차에 들어가지만 보통은 "무죄"라고 말하고 재판을 시작한다. 검찰이 모두진술을 하고, 증거를 제시한 다음에 증인을 신문한다. 그 후 변호인 측이 반론에 들어가고 양자의 최후 진술을 거쳐 재판소가 '사실인정'을 한다. 여기서 기소 사실에 대한 '유죄'냐 '무죄'냐를 판정한다(기소 사실을 일부 수정해서 유죄가 된 사례도 많다). 여기서 무죄로 인정되면 이 단계에서 무죄를 확정한다.

유죄로 인정된 경우, 형에 대한 심리에 들어가고 변호인 측이 정상참작을 호소한 다음에 형을 언도한다. 덧붙이자면 중국의 재판에서는 판결주문과 이유를 말하지만, 영국재판에서는 사실인정과 형의 언도뿐이므로 판결을 내린 이유를 알 수 없는 경우가 많다. 형은 나라마다 조금 다르지만 최고형은 모두 사형이었다(교수형 및 총살형). 나머지는 종신 또는 유기 금고형(미국은 중노동을 하는 금고형), 벌금 등의 형벌을 내렸다.

다만 벌금 같은 경우는 극히 드물었다. 이것으로 재판은 끝나지만 여기서 다시 판결을 확정하는 수속이 필요하다. 유죄를 선고받은 피고는 감형 탄원서를 제출할 수 있다. 사형 판결을 받은 경우에는 일단 이 권리를 행사했다.

영국의 경우, 재판 기록(속기록이나 증거서류 등)을 정리하여 연합지상군 법무부장에게 보내어 기록을 점검받는다. 사실인정이나 법의 적용, 형의 타당성 여부를 심사하고 의견을 적은 의견서를 확정관(소집자와 같은 군사령관)에게 보낸다. 군사령관은 그것을 사령부의 법무장교에게 다시 검토하게 한 다음 형을 확정한다. 이때 형을 판결대로 확정하거나 감형할 수 있지만 형을 더욱 무겁게 할 수는 없다. 형을 확정하지 않아 사실상 무죄로 할 수 있고 재판을 다시 하도록 명령할 수도 있다.

GHQ가 실시한 요코하마재판에서는 미 육군 제8군 사령관이 소집관과 확정관의 역할을 맡았지만 사형 판결에 대해서는 연합군 최고사령관 맥아더의 승인이 필요했다. 따라서 사형 판결은 제8군과 맥아더 사령부라는 두 기관의 승인이 필요했다. 즉 각국은 재판은 1심뿐이지만 상급 기관이 판결 내용을 검토하고 확정하는 수속을 채용했다. 이러한 확정 작업을 재심이라 부르기도 한다. 이 재심 과정에서 감형된 자가 상당했다.

금고형에 처해진 자는 각국의 교도소(재판 지역 혹은 그 부근) 등에 구금했으나 나중에 도쿄의 스가모형무소에 이감했다. 사형 판결이 확정된 경우, 확정관은 피고를 구금한 교도소장에게 사형 집행 영장을 발급하고, 소장은 집행 일시, 장소 등을 보고했다. 이로써 판결은 종료된다.

영국, 미국 등의 재판은 원칙상 공개재판이었다. 당초 미 해군은 비밀재판을 실시했지만 예외적인 사례이다. 다만 태평양의 여러 섬에서 진행된 재판의 경우, 공개재판임에도 방청하러 갈 수 없는 사례가 종종 있었다.

전범재판은 통상 재판과 달리, 몇 가지 절차를 생략했다. 1심밖에 없는 점을 비롯해서 특히 증거 채용 절차를 완화했다. 예를 들어 보통 진술선언서는 반대신문을 받아야 비로소 증거로 인정하지만, 전범재판에서는 반대신문 없이 증거로 받아들였으며 진술의 2차 증거(이른바 전문증거)를 채용할 수 있는 점 등 피고에게 불리한 절차를 도입했다. 평시와 달리 증거를 수집하기 곤란한 데다가 재판을 신속히 실시해야 하는 상황을 고려했기 때문이다.

## 2. 전범재판의 경과

### 전쟁 중부터 실시한 전범재판

보통 일본에서는 1945년 10월 필리핀에서 열린 야마시타 도모유키 재판을 첫 BC급 전범재판으로 본다. 하지만 이러한 인식은 정확하지 않다. 1945년 2월 26일 괌에서 사이판 출신(차모로족) 경찰관을 살인죄로 기소하여 3월 15일 중노동 10년형을 선고했다(최종적으로 해군장관이 9년 형으로 감형 처분을 내렸다). 이것이 첫 대일 전범재판이라 생각된다.

1944년 8월 미군이 괌을 일본군으로부터 탈환한 직후에 괌군정장관 니미츠(Chester Nimitz) 해군 대장이 포고문을 발표하여 전쟁범죄도 다루는 임시군사재판소를 설치했다. 12월에 니미츠는 태평양 방면군 사령관 겸 태평양함대 사령관으로서 전쟁범죄자의 재판을 개시하도록 명령했으며 1945년 1월 10일 괌 사령관에게 그 명령이 전달되었다.

괌을 탈환한 후 바로 수사가 개시되어 일본인뿐 아니라 사이판인도 이미 체포했다. 일본군은 괌을 점령할 때 같은 언어를 구사하는 사이판이나 티니안 등지의 주민을 데리고 와서 경찰이나 통역, 수용소 감시원 등으로 이용했다. 워싱턴의 해군법무감실은 사이판인의 취급을 검토한 결과, 일본 국적이 없더라도 국제연맹 위임통치령이기에 일본 국민과 똑같이 다뤄도 좋다고 판단했다.

또한 미 해군의 자료에서는 1944년 12월 28일 기소되어 이튿날 종신형 판결을 받은 괌 주민의 사례를 전범재판의 첫 사례로 들었다. 하지만 괌 주민은 미국 국적을 가졌기에 대일 협력자였어도 전쟁범죄자라 할 수 없으므로 전범재판이 아닐 것이다. 1945년 8월 15일까지 사이판인 9명, 일본인 2명이 기소되었다(판결까지 나온 것은 일본인 1명을 제외한 10명).

미 해군은 일본군의 포로가 된 미군, 특히 일본계 미국인이 보복을 당할까 걱정하기도 했고, 전범재판의 시범 사례로서 언론 및 외교 문제가 발생할 것을 우려해 이 재판들을 비공개로 진행했다. 그래서 오랫동안 실태가 은폐되었다.

또한 전쟁 중인 1944년 11월에 소련이 폴란드의 루블린에서 마이다네크(Majidaneck)강제수용소 관계자를 재판했다.

## 본격적인 재판 개시

세계적으로 공개된 첫 재판은 필리핀 마닐라에서 1945년 10월 8일 개정한 야마시타재판이었다. 야마시타 도모유키(山下奉文) 육군 대장은 1944년 10월 필리핀 담당 제14방면군 사령관에 임명되어 패전 때까지 그 직책에 있었는데, 그동안 필리핀 내 일본군의 잔악 행위에 대한 사령관으로서의 책임을 추궁받았다. 12월 7일 그는 교수형을 선고받았고 변호인 측은 미연방최고재판소에 인신보호영장을 청구했으나 기각되어 이듬해 2월 사형이 집행되었다.

마닐라에서는 계속해서 1946년 1월부터 '바탄 죽음의 행진'의 책임을 추궁했다. 당시 제14군 사령관이었던 혼마 마사하루 중장의 재판이 개시되었고 2월에 총살형을 선고했다. 혼마는 일본의 자체 재판을 통해 예우 정지 처분을 받았으나 그러한 자체 재판은 완전히 부정되었다.

야마시타재판은 태평양지역 미 육군 총사령부가 1945년 9월에 제정한 「전쟁범죄인재판규정」에 따라 실시되었으나, 12월 5일 GHQ는 그러한 규정 대신에 새로운 「전쟁범죄인재판규정」을 제정하여 혼마재판에 적용했다. 또한 이 새로운 규정에 따라 12월 18일부터 요코하마재판을 개시했다. 첫 재판에서는 나가노현 미쓰시마(滿島)부로수용소의 감시원이었던 어떤 군속이 포로 학대 및 상해치사 등의 혐의로 기소되어 27일 종신 중노동형을 선고받았다. 두 번째 재판은 후쿠오카부로수용소 제17분소(오무타(大牟田))의 소장인 유리 게이(由利敬) 중위가 기소된 사례로 이듬해 1월 7일 사형 판결을 내렸고, 4월 26일 집행되었다. 스가모형무소에서 집행한 첫 교수형이었다. 중국에서는 미 육군의 중국전선사령부가 독자적 「전쟁범죄인재판규정」을 제정하여 상해에서 중국전선 내 미군 포로를 대상으로 한 범죄를 심판했는데, 역시 2월 12일부터 시작되었다.

미국에 이어 빠르게 재판을 실시한 나라는 호주로 1945년 11월 29일부터 뉴기니 서쪽에 있는 섬인 모로타이에서 첫 재판을 시작했고, 이어서 보르네오의 라부안과 뉴기니의 웨와크, 라바울 등지에서 실시했다. 영국은 1946년 1월 21일 싱가포르에서 시작하여 이어서 쿠알라룸푸르, 랑군, 홍콩 순으로 재판을 개시했다. 동남아시아에서는 당초 영국군이 주체인 연합군 동남아시아사령부가 지휘하는 부대가 인도네시아와 인도차이나에서도 수사를 실시했으며 그 수사 기록들은 네덜란드나 프랑스에 인계되어 재판을 실시했다. 영국령 보르네오(북보르네오)는 당초 호주군이 수사했지만, 민간인을 대상으로 한 범죄는 영국에 재판을 위임했다.

필리핀은 1946년 7월 독립하여 미군으로부터 재판을 인계받아 1947년 7월 행정명령을 통해 전범재판의 규칙과 규정을 제정하고 8월부터 마닐라에서 재판을 개시했다. 이미 미군이 수사하던 사건을 필리핀이 인계받은 사례가 많았다.


## 좌절된 조기 종료

당초 전범재판은 짧게 끝낼 예정이었다. 영국의 경우, 1945년 10월에 런던에서 법무장관의 주도로 일본인 전범 처리에 대한 회의를 열고 기본 방침을 결정했다. 그 자리에서 법무장관은 재판을 신속하고 효율적으로 실시할 것을 강조하고, 1946년 7월까지 500건 이상을 재판에 회부하도록 요청했다. 나머지 중요한 건은 그 단계에서 검토하기로 했는데, 즉 이 시점까지 기본적으로 재판을 끝내려는 생각이었다. 독일에 대해서는 1946년 4월 말까지 500건을 처리할 계획이었다. 그런데 실제로는 진행이 더뎌 일본인의 경우도 7월 말까지 304명, 독일인은 4월 말까지 199명(이탈리아를 포함해도 220명)에 그쳤으며 1946년 7월 초에 다시 그해 말까지 끝내려고 시도했으나 역시 실현하지 못하여 재판은 계속되었다. 불충분한 데이터이지만 표 1-1을 보더라도 재판이 좀처럼 진행되지 않다가 1946년 후반기 이후에야 겨우 진척을 보이기 시작했다는 사실을 알 수 있다.

재판이 예상과 달리 길어진 이유는 나라별로 다르지만, 공통적인 문제로는 전쟁이 끝나고 군대의 귀환이 진행 중인 시점에서 수사나 재판을 위한 인력을 확보하기 어려웠다는 점이 있다. 법무장교 같은 법적 자격이 있는 스태프, 특히 대일 재판의 경우엔 우수한 통역이나 일본어 독해력이 있는 인원이 매우 부족했다. 미국의 경우, 일본계 미국인을 활용할 수 있었지만 그래도 전체적으로 인력이 부족해 재판의 진행이 늦춰졌다. 일본에서도 1948년 5월 말까지 변호사 94명, 통역 102명 등 대략 267명을 해외에 파견했다(이 시점에서 80명이 파견 중이었다).

또한 일본군이 저지른 잔악 행위는 실로 많이 보고되었으나 기소할 수준까지 증거를 확실히 모으기는 힘들었다. 특히 일본군이 이동한 경우, 부대나 실행자를 특정하기 매우 어려웠다. 포로수용소의 직원이나 장기간 같은 장소에 주둔한 헌병의 경우에는 비교적 용의자를 특정하기 쉬웠지만, 그 이외에는 용의자를 특정할 수 없는 경우가 많았다. 신체적 특징 등은 기억했지만 그 정보를 통해 인물을 특정하기는 절망적인 상황이었다. 일본 측이 범죄를 은폐하고 증거를 처분한 다음 관계자끼리 입을 맞춰 책임을 회피하려고 한 일도 수사 지연의 원인이었다.

가까스로 기소하여 재판을 시작해도 난관은 이어졌다. 군사법정이라고는 하나 증거신문, 증인신문을 하느라 예상 이상으로 시간이 걸렸다. 재판 기간의 장기화는 국제 정세나 재판 지역의 정치 정세에 따라 재판의 행방이 좌우되는 경향을 더욱 크게 했다. 이 점에 대해서는 3장에서 상세히 보기로 하자.

# 3. 재판의 전체적 특징

## 5,700명의 전범

다음으로 대일 BC급 전범재판의 전체적인 특징을 보도록 하자(표 2-1).

**[표 2-1] 대일 BC급 전범재판의 재판국별 결과 개요**

|  | 합계 | 미국 | 영국 | 호주 | 네덜란드 | 프랑스 | 필리핀 | 중국 |
|---|---|---|---|---|---|---|---|---|
| 건수 | 2,244 | 456 | 330 | 294 | 448 | 39 | 72 | 605 |
| 명수 | 5,700 | 1,453 | 978 | 949 | 1,038 | 230 | 169 | 883 |
| 사형판결 |  | 255 | 281 | 225 |  |  | 79 |  |
| 사형확정 | 984 | 143 | 223 | 153 | 236 | 63[1] | 17 | 149 |
| 사형최종확정 | 934 | 140 | 223 | 153 | 236 | 26 | 17 | 149 |
| 무기, 유기형 | 3,419 | 1,033 | 556 | 493 | 733 | 135[2] | 114 | 355 |
| 무죄 | 1,018 | 188 | 116 | 267 | 55 | 31 | 11 | 350 |
| 기타 | 279 | 89 | 83 | 36 | 14 | 1 | 27 | 29 |

출전: 법무대신관방사법법제조사부(法務大臣官房司法法制調査部), 『전범재판 기사 요약(戦争犯罪裁判既史要)』

주1) 그외 건수로는 중화인민공화국재판이 45명(모두 유기형). 소련재판(명수 불명, 대략 3천 명이라는 추정 수치가 있다)이 있다. '기타'는 기소 취하, 공소 기각, 판결 불승인, 질병 귀국, 도망, 결과 불명 등이다.

주2) 이 표는 판결이 아닌 확정된 형의 명수를 표시했다. '사형 확정', '유기, 무기형', '무죄', '기타' 4개 항목의 합계가 피고 '명수'이다. '사형 확정' 중 프랑스의 부재판결 37명을 제외하고 13명이 더 감형되어 '무기, 유기형'에 추가되었다. 따라서 '무기, 유기형'의 최종 인원수는 3,432명(부재판결 6명 포함)이다.

주3) 각국의 재판 자료는 수치가 다른 경우가 대부분이므로 대체로 그 수치로 이해해 주시길 바란다.

1   중 37은 부재판결

2   중 6은 부재판결

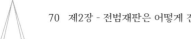

일본 법무성의 자료에 따르면 전체 건수(소련과 중화인민공화국을 제외)는 2,244건이며 기소된 자의 수는 5,700명으로 되어 있다. 덧붙이자면 미국, 영국, 호주는 각각의 원자료를 통해 숫자를 확인할 수 있으나 모두 법무성 자료의 숫자보다 적다. 나머지 국가는 재판 기록을 완전히 공개하지 않거나 정리하지 않았기 때문에 정확한 인원수를 잘 알 수 없다. 재판을 실시한 국가의 자료라도 다른 수치가 나오는 경우가 있기에 재판국도 혼란스러운 상태이다.

일본 측 자료에는 기소를 예정했어도 최종적으로 기소하지 않은 자(기소유예 처분을 받은 자, 도망쳐서 재판을 모면한 자 등)를 포함했다. 따라서 유죄를 선고받은 사람 수는 그렇게 큰 차이가 없다고 생각된다(적어도 영국재판에 대해서는 그렇게 말할 수 있다). 같은 인물이 다른 용의로 두 번 기소되는 경우나 체포되지 않은 채로 기소되어 판결을 받은 프랑스의 사례도 있으므로 실제로 재판받은 사람의 수는 조금 더 줄어든다. 사형 판결을 받았어도 재심에서 감형된 자도 많았고, 탈옥자나 자살자도 있으므로 최종적으로 사형에 처해진 자는 사형이 최종 확정된 934명보다 조금 적다. 무죄도 천 명 남짓하여 약 18%에 달했다.

재판을 실시한 나라는 총 7개국이지만, 중국의 경우에는 중화민국(국민정부)과 중화인민공화국이라는 두 개의 정부가 각각 재판을 실시했기 때문에 이를 반영할 시 총 7개국 8개 정부(소련을 포함하면 8개국 9개 정부)가 된다. 재판 지역의 경우, 일본 국내에서는 요코하마가 유일하지만 이외로 확장하면 중국 각지와 대만, 동남아시아의 각 지역, 뉴기니

## [그림 2-1] BC급 전범재판 장소

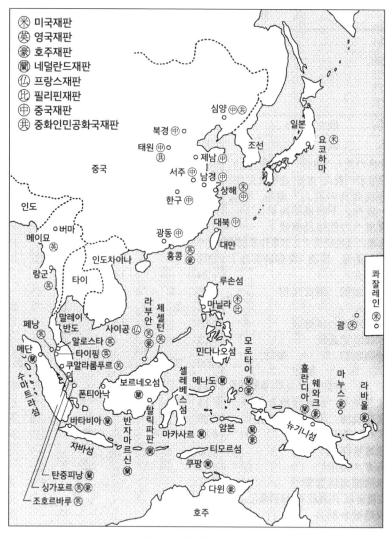

㊂ 미국재판
㊀ 영국재판
㊂ 호주재판
㊃ 네덜란드재판
㊄ 프랑스재판
㊅ 필리핀재판
㊉ 중국재판
㊊ 중화인민공화국재판

심양 ㊉㊀
북경 ㊉
태원 ㊉
제남 ㊉
서주 ㊉
남경 ㊉
상해 ㊉
한구 ㊉
광동 ㊉
대북 ㊉

중국
인도
버마
메이묘
인도차이나
랑군
타이
말레이반도
페낭
알로스타
타이핑 ㊀
쿠알라룸푸르
메단
수마트라섬
폰티아낙
보르네오섬
바타비아
자바섬
탄중피낭 ㊃
싱가포르 ㊀㊂
조호르바루 ㊀

라부안
제셀턴 ㊂
사이공 ㊄
할리파탄
반자마르신 ㊃
마카사르
셀레베스섬
메나도 ㊃
암본 ㊃
티모르섬
쿠팡 ㊃
다윈 ㊂

일본
조선
요코하마 ㊂
대만
홍콩 ㊀
루손섬
마닐라 ㊅㊉
민다나오섬
모로타이
홀란디아 ㊂
웨와크 ㊂
마누스 ㊂
뉴기니섬
라바울 ㊂

콰잘레인 ㊂
괌 ㊂

호주

출전 : 『도쿄재판 안내서(東京裁判ハンドブック)』218쪽의 그림을 일부 수정

주) 당시 지명으로 표기했으며 말레이 반도에서는 그 밖에 말라카, 카장, 이포, 캄파르, 틀
록안손, 라우브, 벤통, 쿠알라캉사르, 코타바루에서도 재판을 했다.

와 주변의 섬들, 호주, 괌과 콰잘레인까지로 상당히 넓다(그림 2-1). 영국
만 해도 합계 스무 군데에서 재판했다. 특히 말레이 반도만 해도 열네
군데에 달했다. 범죄 발생 지역에 가까운 장소에서 재판하는 방침을
채택한 결과였다. 호주 아홉 군데, 네덜란드 열두 군데, 중국 국민정부
열 군데, 미국 다섯 군데, 프랑스, 필리핀은 각 한 군데, 중화인민공화
국은 두 군데로 합계 예순 군데에 달한다(소련을 제외함). 중복을 빼면 합
쳐서 쉰한 군데이다.

## 무엇을 재판했는가?

그렇다면 어떠한 범죄 혐의로 용의자를 기소했을까? 법무관의 데이터에 의거해서 표 2-2로 재구성했는데 압도적 다수는 살인, 학대치사, 학대 등 사람을 상대로 한 범죄였다. 사체 유기 같은 항목은 포로를 상대로 한 범죄로 분류할 수 있다. 미국이 죽은 포로의 취급에 민감했음을 엿볼 수 있다. 또한 호주와 필리핀에서 인육을 먹은 사례를 범죄로 다룬 사실이 주목된다. 조금이지만 강간 같은 성범죄도 다루었다. 재물 약탈이나 파괴, 방화, 강제 징발 같은 재산 범죄, 아편 판매나 기타 용의도 있다. 나머지 용의는 중국재판에 많으므로 3장의 6절에서 다루도록 하자.

여기서 중국재판에서는 침략 전쟁 조장이라는 '평화에 대한 죄'에 해당되는 듯 보이는 혐의를 다룬 점이 흥미롭다. BC급 전범재판이라고는 하나 각국의 재판 규정을 보면 '평화에 대한 죄'도 다루는 나라가 여럿 있었기에(미국의 GHQ 규정, 필리핀, 중국, 호주) 상황에 따라 A급 전범도 한 나라가 단독 재판할 수 있도록 했다. 도쿄재판의 재판장을 지낸 윌리엄 웹은 호주 정부의 전범 정책을 수립한 중심인물이었는데 A급 전범의 취급의 미국의 정치적인 판단에 좌우될 가능성을 두려워하여 전쟁 말기인 1945년 6월에 호주 단독으로라도 천황을 통상 전쟁범죄의 책임자로 기소할 수 있다는 견해를 호주 정부에 제시했다.

하지만 A급 전범에 해당하는 인물은 일본에 있었기에, 정치적 역학 관계 때문에라도 미국의 승인 없이 재판할 수 없었을 것이다. 결과적

[표 2-2] 기소 사실별 건수

| 항목 | 합계 | 미국 | 영국 | 호주 | 네덜란드 | 프랑스 | 필리핀 | 중국 |
|---|---|---|---|---|---|---|---|---|
| 건수 | 2,244 | 456 | 330 | 294 | 448 | 39 | 72 | 605 |
| 명수 | 5,700 | 1,453 | 978 | 949 | 1,038 | 230 | 169 | 883 |
| 포로 살인, 학대, 학대치사(A) | 3,413 | 15,785 | 544 | 857 | 231 | 132 | 16 | 55 |
| 억류자 살인, 학대, 학대치사(B) | 214 | 5 | 17 | 59 | 124 | 4 | 3 | 2 |
| 비전투원 살인, 학대, 학대치사, 부당한 체포, 구금(C) | 4,389 | 357 | 1,114 | 194 | 1,243 | 236 | 242 | 1,003 |
| 포로가 받아야할 구휼품 횡령 | 71 | 67 | 2 | | 1 | | | 1 |
| 작전에 직접 관계된 군사작전 강요 | 59 | 24 | 6 | 8 | 2 | 5 | 1 | 13 |
| 사체 유기, 모독, 매장 방해 등 | 292 | 189 | | 30 | 53 | | 1 | 19 |
| 식인 | 29 | | | 14 | | | 15 | |
| 매춘 강요, 부녀자 유괴 | 36 | 1 | 1 | | 30 | | | 4 |
| 강간 | 143 | 35 | 1 | 1 | 10 | 2 | 45 | 49 |
| 불법 군법회의를 열어 처형 | 13 | | | 11 | | | | 2 |
| 휴전협정 위반 | 13 | | | | 12 | 1 | | |
| 재물 약탈, 파괴, 소각, 물자 강제 징발 | 450 | 93 | | 6 | 17 | 32 | 41 | 261 |
| 노동 강요, 강제 징용, 강제 징병 | 44 | | | 2 | | | 3 | 39 |
| 민중 압박, 민중 추방 등 | 14 | | 1 | | | | | 13 |
| 사상 마비, 독화, 노예화 | 29 | | | | | | | 29 |
| 아편 매매 | 20 | | | | | | | 20 |
| 도박장 개설 | 3 | | | | | | | 3 |
| 독가스 사용 | 1 | | | | | | | 1 |
| 무방비 지구 폭격 | 1 | | | | | | | 1 |
| 주권 침탈, 내정 파괴, 경제 교란 등 | 13 | | | | | | | 13 |
| 침략 전쟁 조장 | 28 | | | | | | | 28 |
| 포로에 대한 범죄 비율(A/A+B+C) (%) | 42.6 | 81.3 | 32.5 | 77.2 | 14.5 | 35.5 | 6.1 | 5.2 |
| 비전투원에 대한 범죄의 비율(C/A+B+C) (%) | 54.8 | 18.4 | 66.5 | 17.5 | 77.8 | 63.4 | 92.7 | 94.6 |

출전: 법무대신관방사법법제조사부, 「전범재판 기사 요약」, 267~268쪽의 표를 재구성

주) 그 외로 '모욕 행위', '정보 수집 방해', '접수 방해', '이적 행위', '협박' 등이 있다. 1명당 복수 용의로 기소되었기 때문에 기소 사실 합계는 피고 수보다 많다.

으로 BC급 전범재판에서는 오로지 통상의 전쟁범죄(전쟁법규나 관례 위반)
나 해당 국가의 형법(살인죄 등)에 따라 재판했다.

살인, 학대 같은 사람을 대상으로 한 직접적인 폭력을 보면, 포로에
대한 범죄가 차지하는 비율은 42.6%, 반대로 비전투원(민간인)을 대상
으로 한 범죄는 54.8%를 차지한다. 흔히 BC급 전범재판에서는 포로
를 대상으로 한 범죄를 심판했다고 이해하는 경향이 있지만 사실은 꼭
그렇지 않았다. 일본군이 자국을 점령하여 전장이 된 중국이나 필리핀
의 재판에서는 당연히 비전투원에 대한 범죄를 압도적으로 많이 다뤘
다. 비전투원이라고 해도 아시아태평양 현지의 주민과 본국에서 온 백
인 민간인이 있었기에 네덜란드와 프랑스의 경우엔 후자가 차지하는
비율이 높지만, 나중에 상세히 보듯 영국은 전자의 비율이 높다. 호주
의 재판에서는 포로를 대상으로 한 범죄의 비율이 미국과 함께 높지
만, 내용은 보면 인도인이나 중국인 포로에 대한 범죄를 다룬 사례가
꽤 많았기에 호주군의 포로에 대한 범죄만 본다면 약 6할 정도로 내려
간다(다음 장의 표 3-4를 참조).

포로에 대한 범죄만을 재판한 것은 미국의 재판, 그중에서도 특히
요코하마재판의 특징이다. BC급 전범재판 전체를 보자면 포로를 대
상으로 한 범죄와 마찬가지로, 혹은 그 이상으로 아시아태평양 지역의
민간인에 대한 범죄를 재판했다고 할 수 있다.

## 누가 기소되었을까?

**[표 2-3] 계급별 피고인 수**

| | 미국 | 영국 | 호주 | 네덜란드 | 프랑스 | 필리핀 | 중국 | 합계 | 군인 중 비율 | 피고 전체 중 비율 | 사형 등 합계 |
|---|---|---|---|---|---|---|---|---|---|---|---|
| 대장 | 1 | 0 | 3 | 1 | 0 | 0 | 1 | 6 | 0.1 | 0.1 | 2 |
| 중장 | 42 | 11 | 12 | 9 | 0 | 3 | 29 | 106 | 2.5 | 1.9 | 30 |
| 소장 | 20 | 9 | 8 | 8 | 0 | 3 | 16 | 64 | 1.5 | 1.2 | 18 |
| 대좌 | 63 | 24 | 17 | 19 | 5 | 1 | 21 | 150 | 3.6 | 2.7 | 41 |
| 중좌 | 37 | 13 | 17 | 8 | 1 | 4 | 8 | 88 | 2.1 | 1.6 | 26 |
| 소좌 | 47 | 29 | 28 | 31 | 8 | 9 | 26 | 178 | 4.2 | 3.2 | 51 |
| 대위 | 128 | 85 | 119 | 86 | 25 | 15 | 54 | 512 | 12.2 | 9.3 | 149 |
| 중위 | 129 | 62 | 75 | 55 | 6 | 21 | 16 | 364 | 8.7 | 6.6 | 78 |
| 소위 | 66 | 23 | 27 | 21 | 9 | 14 | 15 | 175 | 4.2 | 3.2 | 35 |
| 준사관 하사관 | 308 | 424 | 421 | 498 | 147 | 46 | 299 | 2,143 | 50.9 | 38.8 | 405 |
| 병 | 170 | 68 | 49 | 52 | 8 | 26 | 48 | 421 | 10.0 | 7.6 | 28 |
| 군인 합계 | 1,011 | 748 | 776 | 788 | 209 | 142 | 533 | 4,207 | 100 | 76.1 | 863 |
| 불명 | | | | 7 | 2 | 6 | 29 | 44 | | 0.8 | |
| 나머지 | 354 | 170 | 176 | 241 | 14 | 10 | 314 | 1,279 | | 23.1 | 191 |
| 합계 | 1,365 | 918 | 952 | 1,036 | 225 | 158 | 876 | 5,530 | | 100 | 1,054 |

출전: 쟈엔 요시오(茶園義男)가 편찬한 각국별 전범 관계 자료를 바탕으로 작성했다. 영국의 수치는 졸저 『재판받은 전쟁범죄』, 「사형 등 합계」는 스가모유서편찬회, 『세기의 유서』를 바탕으로 작성했다.

주) 「준사관·하사관」=육군은 견습사관, 준위부터 오장까지, 해군은 병조장에서 이등병조까지를 포함한다. 「병」=육군은 병장 이하, 해군은 수병장 이하. 「기타」=군속, 용원, 군정관, 경부, 통역, 민간인 등을 포함한다. 미국만 계급이나 판결 등을 알 수 없는 인원은 포함하지 않았다. 「사형 등 합계」에는 사형을 집행한 901명에 구류 중 병사, 사고사, 자살 등 153명을 추가했다.

기소 대상자 4분의 3 이상이 군인이다. 그 군인의 계급을 표시한 표 2-3을 보면 준사관과 하사관급이 제일 많다. 준사관이란 육군 준위와 해군 병조장, 하사관은 육군으로 말하면 조장, 군조, 오장, 해군이라면 상등병조, 일등병조, 이등병조라는 계급에 속한 자를 말한다. 병(육군의 병장, 상등병, 일등병, 이등병, 해군의 수병장, 상등수병, 일등수병, 이등수병)은 군대 내 구성의 크기에 비해 꽤 적다.

　사형에 대해서는 준사관과 하사관이 가장 많다. 장교 중에서는 하급 장교에 집중되었는데 특히 대위가 많아서 흥미롭다. 고급 장교 중에서는 중장과 대좌가 비교적 많다.

　군인 중에서 헌병이 높은 비율을 차지한 점도 특징이다. 법무성 자료에 따르면 헌병 관계자는 전체 건수의 27%, 기소자의 37%, 전체 유죄자의 36%, 사형의 30%를 차지한다. 해군의 헌병에 해당하는 해군특별경찰대는 해군이 점령지의 군정을 담당한 네덜란드 식민지의 동부 등지에서 62명이 사형 판결을 받았다. 이를 포함하면 헌병 관계자의 사형은 36%가 된다. 헌병은 점령지의 치안 유지를 맡아 항일 활동을 단속하는 역할을 담당했다. 그렇기 때문에 종종 항일 혐의를 받은 자를 체포하여 고문하다 죽이거나, 혹은 몰래 처형했다. 당연히 민중의 두려움과 원한을 사는 존재였고, 또한 특정 지역에 일정 기간 이상 근무했으므로 얼굴이나 이름이 기억되기 쉬웠다. 그러한 점 때문에 전범이 될 가능성이 높았다.

　또한 포로수용소 관계자도 전체 건수의 16%, 사람 수로는 17%, 유죄를 받은 자의 27%, 사형으로는 11%를 차지했다. 연합군은 포로 학대를 중시했는데 이러한 수용소 관계자도 전범으로 특정되기 쉬웠다.

일반적으로 'BC급 전범재판에서는 상부의 명령을 따랐을 뿐인 하급 병사까지 혹독하게 재판했다'는 주장을 널리 믿는 경향이 있으나, 실제로 하급 병사가 기소되거나 그것이 사형으로 이어진 사례는 매우 적다. 최하급 병사인 이등병의 경우, 사형 판결을 받은 경우는 있으나 나중에는 모두 감형되었기 때문에 실제로는 누구도 사형되지 않았다. 스가모유서편찬회가 편찬한 『세기의 유서(世紀の遺書)』에 실린 데이터에 따르면, 사형에 처해진 병사는 병장 13명, 상등병 10명, 일등병 2명으로 합계 25명이다(표 2-3에는 28명으로 되어 있으나 여기에는 병사 등 3명을 포함했다). 법무성 자료(쟈엔 요시오가 편찬한 자료집들)에서 찾으면 합계 26명이다(기타 프랑스 재판에서 2명이 있으나 도망쳤기 때문에 포함하지 않았다). 사형에 처해진 전체 전범 중 2.7%이다.

『세기의 유서』의 데이터와 법무성 자료에서 사형자의 계급이 다른 경우가 몇 명 있으며 전자에서 일등병으로 기재한 2명이 후자에서 모두 군속으로 기록되어 있다. 하지만 어느 자료든 이등병(혹은 이등수병)이 사형에 처해진 경우는 없다. 법무성 자료에서 찾아본 한, 일등병의 사형이 집행된 사례는 영국재판에서 1명뿐이다(영국 측의 자료에서 확인할 수 있다). 네덜란드, 호주, 프랑스의 재판에서는 사형이 확인된 최하급 병사는 병장이며 상등병 이하는 없다. 이렇듯 병사가 재판받는 경우는 꽤 적었으며 특히 이등병이나 일등병이라는 최말단의 병사가 극형에 처해지는 일은 거의 없었다.

다만 조선인 포로수용소 감시원처럼 군속 신분으로 처형된 경우가 적지 않다. 군속이라도 해도 처지가 다양한데, 조선인 군속처럼 이등병 이하 취급을 받은 경우도 있기에 하급 신분에 속한 자가 가혹한 재판을 받은 측면이 있는 점도 부정할 수 없다.

하사관이 많이 재판받은 이유는 이 계급 내에 헌병들이 많았기 때문인데, 헌병의 경우 체포된 자를 신문하는 담당자로서 현장에서 고문을 지휘하는 일이 잦았다. 또한 하사관들은 다른 부대에서 분대장이나 소대장 등을 맡는 경우도 많았는데, 말하자면 말단 관리직으로서 현장을 지휘하는 역할을 수행했다. 고참병인 그들은 사관학교 출신 젊은 하급 장교 이상으로 실질적인 힘을 가졌다고 할 수 있다. 또한 일본군 내부의 폭력 관습에도 익숙하였기에 그러한 체질이 주민이나 포로에 대한 대응에 나타났다고 생각된다.

중대장 혹은 대대장을 맡는 계급인 대위는 현장 지휘관으로서 책임을 추궁받는 경우가 많았다. 대좌는 연대장, 중장은 사단장이나 군사령관을 맡는 계급이며 잔악 행위의 명령자, 혹은 부하에 대한 감독자로서의 책임을 추궁받았다. 이렇게 해서 재판받은 피고의 계급을 보면 현장 지휘관과 말단 간부가 집중적으로 재판받은 한편, 일부지만 상급 장교가 사령관으로서의 책임을 추궁받았음을 알 수 있다.


군인 이외에는 포로수용소의 감시원이자 군속 신분이었던 조선인이나 대만인의 사례, 점령지 행정(군정)을 맡은 군정요원(경찰 포함), 포로에게 강제 노동을 시킨 기업의 담당자, 격추된 미군기의 탑승원을 폭행한 민간인, 특무기관에서 일한 자, 군납업자 등 다양하다. 고급 군정 간부가 재판받은 경우도 있으나 대체로 범죄 현장 관계자가 재판받는 경우가 많았다.

## 4. 전범재판의 종료

### 전후의 상황 변화와 재판 중단

연합국 내에서는 1946년 후반부터 언제까지 재판을 끝낼지 거듭 논의하기 시작했다. 다만 그러한 논의가 있다는 사실을 일본 측이 파악하면 사보타주를 저질러 재판을 지연시킬지도 모른다는 우려가 있어 논의는 은밀하게 검토되었다.

일반적으로 말하자면 각국은 일본인 전범을 재판하기보다 전후 동아시아 정세에 대한 대응에 관심이 있었으며 그러한 동아시아 정책과 관련해서 전범재판의 취급이 좌우되는 경향이 보인다.

예를 들어 중국에서는 국공 내전의 진행 상황이 전범재판의 행방을 크게 좌우했다. 중국의 심양(瀋陽) 재판은 동북(만주) 지역에서 국민당이 공산군에 패배하는 중이라 재판을 서둘러 끝내고자 중간부터 무죄 판결을 차례차례 내렸다. 국민정부의 생존을 꾀하기 위해 미국의 협력이 필요했으며 또한 일본과의 관계 개선을 서둘렀기 때문이다.

프랑스령 인도차이나와 네덜란드령 동인도제도(인도네시아), 버마 등지에서는 식민지 독립 운동이 큰 영향을 끼쳤다. 필리핀에서는 미국이 수사한 정보가 독립한 필리핀 정부에 인계되어 재판을 계속 진행했으나 버마에서는 1948년 1월 독립을 앞두고 영국이 현지에서 실시한 전범재판을 종료할 수밖에 없었다. 인도차이나에서는 1946년 2월 프랑스가 재판을 개시했으나 12월에 제1차 인도차이나전쟁이 발발했고,

인도네시아에서도 종전 직후부터 독립 운동 세력과의 대결이 시작되었다. 프랑스는 독립전쟁을 하는 자들을 상대로 일본군이 저지른 범죄를 다루려고 하지 않았으며 인도네시아에서도 네덜란드에 대한 주민의 태도에 따라 전범재판의 방식이 달라졌다.

영국의 입장에서도 말레이 반도의 정세가 큰 영향을 끼쳤다(3장 1절 참조). 더욱이 동서냉전의 진행, 특히 미국의 자세에 큰 영향을 끼쳤음은 말할 나위도 없다.

도쿄재판은 1948년 11월에 판결을 내리고, 12월에는 일곱 피고의 사형을 집행함과 동시에 나머지 A급 전범 용의자를 석방함으로써 A급 전범재판이 완전히 끝났음을 보여줬다. 1949년 2월, 극동위원회는 더 이상 A급 전범재판을 하지 않기로 결정했다. 앞선 1948년 7월에도 뉴질랜드가 전범재판 중지를 제안한 바 있었다. 이어 1949년 3월 31일, 극동위원회는 BC급 전범재판에 대해 6월 30일까지 수사를 마치고 9월 30일까지 재판도 종료하도록 관계국에 권고하는 결의를 채택했다.

1948년 12월부터 재판을 하지 않았던 영국은 싱가포르 화교 숙청 사건의 중요 용의자인 쓰지 마사노부 참모 등 몇 개의 사건을 계속 수사했지만 극동위원회의 권고를 고려하여 1949년 10월 수사 종료를 결정했다. 미국은 그해 4월에 해군의 괌재판을 끝내고, 조금 늦은 10월 19일 요코하마재판도 끝냈다. 9월엔 GHQ 재판도 무죄 판결을 내리고 끝냈다.

중국은 1949년 1월 상해재판을 마지막으로 모든 재판을 끝냈다. 5

월에는 공산군이 상해도 점령했다. 국민당이 국공 내전에서 패배함으로써 더 이상 재판을 계속할 수 없었기 때문이다(그해 10월 중화인민공화국이 태어났다). 네덜란드는 인도네시아의 독립을 인정하는 헤이그협정을 염두에 두고 발효일인 12월 27일을 기다리다가, 12월 14일까지 모든 재판을 마쳤다. 필리핀도 그해 12월 말에 재판을 끝냈으며 프랑스는 인도차이나전쟁을 계속했지만 프랑스인만의 피해를 다룬 재판을 계속하여 1950년 3월 겨우 종료했다.

다만 전범재판을 종료하는 움직임에 이의를 제기한 나라가 있었다. 하나는 소련이었다. 소련은 1949년 12월 하바롭스크에서 731부대 관계자를 심판하는 전범재판을 열었다. 또한 천황 기소를 주장하는 등 전범 처벌을 계속하자고 주장했으나 정치적 선전 이상의 영향력은 없었다.

나머지는 호주였다. 호주는 싱가포르나 홍콩에서 영국으로부터 시설 사용을 거부당했고, 1948년 12월부터 재판을 개정하지 못하여 중요한 사건이 남아 있었다. 호주는 일본 국내에서 재판을 하고 싶다고 GHQ에 요청했으나 맥아더는 전범재판 종료를 환영하며 호주의 요청을 거부했다. 1950년 1월 마누스(Manus)섬에서 실시하기로 가까스로 결정하고 6월부터 재판을 시작하여 1951년 4월 종료했다. 마지막 사형 집행은 그해 6월 11일에 있었다. 중화인민공화국의 전범재판이 1956년 실시된 경우를 제외하고 BC급 전범재판은 기본적으로 이 시점에서 전부 끝났다.

제3장
8개국의 법정

# 제3장
# 8개국의 법정

이번 장에서는 각국별 재판의 개요와 특징을 보도록 하자. 전범재판의 자세에는 일본군에 점령당한 것이 본국인지 식민지인지, 피해를 입은 것이 본국 국민인지 식민지 주민인지, 종주국과 식민지 간의 관계가 전쟁 전, 전쟁 중, 전쟁 후 각각 어떻게 변화했는지(특히 민족운동과 종주국과의 관계), 일본군의 점령 통치 자세가 어땠는지, 연합국의 반격 때문에 전쟁이 되었는지 아닌지, 전후 냉전의 영향을 어떻게 받았는지 같은 다양한 요소가 영향을 끼쳤다. 이긴 쪽과 진 쪽이라는 식의 단순한 구도가 아닌 "서방 종주국—식민지 민중—일본"이라는 삼자가 엮여 있었다. 독립국이었던 중국의 경우, 국공 내전과 냉전이 갖는 의미가 크다. 이러한 국제 정세나 지역의 상황을 고려하면서 다음 내용을 살펴보자.

# 1. 영국 - 위신 회복을 노리는 가운데

재판 기록에 따르면 영국은 304건 919명을 재판했다. 그중 1명은 재판 기록이 행방불명이기 때문에 918명분의 기록을 보존 중이다. 말레이 반도의 쿠알라룸푸르 등 열네 군데, 싱가포르, 북보르네오 두 군데, 버마 두 군데, 홍콩 합계 스무 군데에서 재판했다. 가장 많은 곳은 싱가포르로 131건 465명을 재판했다(표 3-1).

**[표 3-1] 영국재판의 재판 지역과 피해자 종류**

| 재판 지역 | 피고 수 | 피해자 | | | | | 재판 기간 |
|---|---|---|---|---|---|---|---|
| | | 민간인 | 서구 민간인 | 포로 | 인도인 포로 | 포로 +민간인 | |
| 싱가포르 | 464 | 182 | 26 | 160 | 33 | 63 | 1946. 1. 21. ~ 1948. 2. 12. |
| 쿠알라룸푸르 | 62 | 62 | | | | | 1946. 1. 30. ~ 1948. 1. 12. |
| 말레이 | 107 | 107 | | | | | 1946. 2. 11. ~ 1947. 12. 19. |
| 북보르네오 | 29 | 25 | | | 4 | | 1946. 4. 8. ~ 1947. 10. 8. |
| 버마 | 132 | 113 | 1 | 17 | 1 | | 1946. 3. 22. ~ 1947. 11. 21. |
| 홍콩 | 124 | 61 | 5 | 50 | | 8 | 1946. 3. 28. ~ 1948. 12. 20. |
| 합계 | 918 | 550 | 32 | 227 | 38 | 71 | 1946. 1. 21. ~ 1948. 12. 20. |
| 피해자별 비율(%) | 100 | 60 | 3 | 25 | 4 | 8 | |
| 사형 판결 | 281 | 188 | 11 | 66 | 7 | 9 | |
| 사형 확정 | 222 | 159 | 7 | 44 | 3 | 9 | |

출전: 졸저 『재판받은 전쟁범죄』 참조

주) 기소장을 통해 주요 피해자를 판정했다. 서구 민간인인 경우가 분명한 경우에만 '서구 민간인'에 포함했다. '민간인'에는 아시아계와 유라시안, 또는 서구계가 함께 피해자인 사례도 포함했다. 하지만 아시아계와 서구계가 함께 피해자인 사례는 20건 이하이다. '포로+민간인' 사례 중 65건은 아시아계 민간인, 나머지 6건이 서구 민간인이다. 또한 싱가포르에 대해서는 정체불명인 사람이 1명 있으므로 합계 465명이다. 또한 말레이의 수치에는 쿠알라룸푸르의 몫을 포함하지 않았다.

영국재판은 실질적으로 마운트배튼 해군 대장이 지휘하는 연합군 동남아시아 사령부(실론, 나중에 싱가포르로 이동)가 정책이나 재판 실시를 맡았지만 재판 자체는 그 예하의 동남아시아연합지상군사령부가 군사재판소를 소집할 권한을 부여받아 실시했다. 지상군사령관은 영국군 사령관이었으나 연합군이 사령관이기도 했다. 연합지상군 아래에 편성된 17개의 전쟁범죄 수사팀은 미군이 담당한 필리핀을 제외한 동남아시아 전역에 파견되어 수사를 맡았다. 영국은 1945년 6월 국왕의 칙령에 따라 특별군령 제81호 「전쟁범죄인재판규정」을 제정하여 이를 유럽과 아시아 양쪽에 적용했다. 다만 아시아의 경우, 극동과의 거리를 고려하여 런던을 통하지 않고 재판 소집부터 판결 확정까지의 일체 절차를 극동에서 마치게 했다.

일본의 패전 후, 연합군은 바로 포로 구출에 착수함과 동시에 전범 수사를 시작했다. 동남아시아사령부는 관할 중인 약 73만 명의 일본군 장병과 민간인 가운데에서 전범 용의자를 체포하여 구류했다. 수사와 재판의 중심지는 연합지상군사령부가 있는 싱가포르였다. 말레이 반도, 버마, 북보르네오의 재판에서는 현지에서 발생한 범죄를 다뤘으나 포로를 대상으로 한 범죄는 주로 싱가포르와 홍콩에서 집중해서 다뤘다.

영국재판에서는 누구를 대상으로 한 범죄를 심판했을까? 표 3-1을 보면 포로에 대한 범죄는 피고 918명 중 227명, 25%에 그쳤으며 인도인 포로에 대한 범죄나 포로와 민간인이 함께 피해자인 사례를 합해도 37%였다. 그에 비해 아시아계 민간인(기본적으로 현지 주민)이 피해자인 사례가 550명, 60%로 과반수를 차지했다. '포로와 민간인'이 함께 피해자인 71명의 사례 중 아시아계 민간인은 65명이므로 그것을 합치면 61명, 67%를 차지한다. 즉 현지 아시아계 민간인을 대상으로 한 범죄로 인해 기소된 전범 쪽이 포로에 대한 범죄의 2배에 달하여 전체 재판의 약 3분의 2를 차지했다.

전체 사형 판결자 281명 중에서 민간인에게 피해를 입힌 사건으로 재판받은 사람은 총 188명, 67%이며 전체 사형 확정자 222명 중에서는 159명, 72%로 더욱 높은 비율이다. 반대로 포로에게 피해를 입힌 사건으로 재판받은 사람은 전체 중 66명, 23%이고 확정자 중 44명, 20%이다.

이렇듯 영국의 재판은 현지 아시아계 주민에 대한 범죄를 꽤 높은 비율로 재판했다. 따라서 연합국 특히 서방 국가는 현지 주민이 입은 피해를 그다지 다루지 않고 자국의 포로를 대상으로 한 범죄만을 다루었다는 식의 인식이나 동포(포로 등)에 대한 범죄에는 엄했으나 중국인 같은 아시아 민중을 대상으로 한 범죄에는 관대했다는 식의 주장은 적어도 영국의 재판에 대해서는 명백히 잘못되었음을 알 수 있다.

이러한 영국의 재판이 갖는 특징은 영국 식민지가 일본에 점령되어 주민이 잔악 행위의 대상이 된 사실의 결과이기도 하다. 포로에 대한 범죄와 동시에 그러한 주민에 대한 범죄도 당초부터 중시했다. 그 이유는 대영제국의 부활, 즉 식민지 재건을 지향하는 영국의 입장에서 식민지 주민을 상대로 하는 범죄자를 엄중히 처벌하여 식민지 종주국으로서의 영국의 위신과 신뢰를 회복할 필요가 있었기 때문이다. 인도까지 후퇴했다가 버마까지 탈환했으나 싱가포르나 말레이 반도, 홍콩 같은 식민지를 자력으로 회복하지 못한 영국의 입장에서 어떻게 위신을 회복하느냐가 큰 문제였다. 특히 말레이 반도와 싱가포르는 고무나 주석 생산과 대미 수출로 인해 문자 그대로 '돈줄'이었으며 동남아시아의 정치, 경제적 중심 거점이었다. 제2차 세계대전 중 해외 자산을 많이 잃었고, 인도의 독립도 피할 수 없는 상황에서 이곳은 대영제국에 있어 매우 중요한 지역이었다.

전쟁 전 말레이 반도에서 영국은 분할 통치를 행하여 말레이인에 의거한 통치 방식을 취해 왔으나 일본군 점령 시기에 중국계 주민이 항일운동을 전개함과 동시에 중국계 주민이 일본군의 잔악 행위의 희생자가 되었다. 말레이 반도 진공작전을 준비하던 영국군은 이 중국계 항일조직과 게릴라와 연락을 취해 협력 자세를 구축했다. 중국계의 협력을 받는 이상, 말레이인을 우대하고 중국인에게 찬밥 대우를 했던 전쟁 전까지의 정책을 재검토할 수밖에 없었다. 한편 말레이 반도의 중국인은 중국 본국과 강한 유대 관계를 가졌기에 본토의 정치적 영향을 받았으나 이 관계를 끊을 필요도 인식했다. 그렇기 때문에 대일 반공작전에서 중국계 항일조직과 주민의 협력을 받음과 동시에 그들에게 말레이 반도에서의 시민권을 부여하여 중국 본토의 영향을 차단한 다음, 전후 식민지 지배 재건의 기반에 편입하려고 했다.

말레이 반도와 싱가포르의 중국계 주민을 상대로 한 잔악 행위의 수사에는 현지 중국계 단체도 협력하여 증거와 증인이 모였다. 중국계 주민으로부터 범죄자를 처벌하라는 요구가 강하여 영국도 응할 수밖에 없었다.

하지만 이러한 구상은 1948년 6월 중국인이 주체가 된 말라야공산당이 영국군을 상대로 무장투쟁을 전개하여 이른바 '비상사태'에 돌입함으로써 변경할 수밖에 없어서 다시 말레이인을 기반으로 한 말라야연방으로 정책을 수정했다. 그러한 정세 변화로 인해 중국계 주민이 주요 희생자였던 일본군의 전쟁범죄를 더 이상 재판할 정치적 의미가 없었다.

영국의 재판에서는 말레이 반도와 싱가포르, 버마, 홍콩 등에서 일본군이 저지른 대규모 주민학살사건을 재판한 사례가 여럿 있다. 싱가포르 화교 숙청 재판뿐 아니라, 말레이 반도 각지에서 발생한 화교 학살 사건, 버마의 칼라곤(Kalagon) 마을에서 약 600명의 주민을 학살한 사건 등을 들 수 있다. 헌병이 저지른 고문 사건도 많다. 항일운동 혐의로 체포된 자를 고문하여 죽인 사례, 즉 학대치사인 경우도 많다. 또한 타이-버마철도에 관해서도 24건 67명이 재판을 받았는데 싱가포르에서 포로가 된 영국군이나 호주군 등 영연방군 장병이 타이-버마철도 등지에서 노동을 강요받아 많은 희생을 냈기 때문이다(타이-버마철도는 4장 2절을, 영국재판 전체는 졸저 『재판받은 전쟁범죄』를 참조).

## 2. 미국 - 육군과 해군의 재판

### 육군의 재판 - 요코하마·상해·필리핀

미국의 경우, 육군이 요코하마, 상해, 필리핀에서 연 재판과 해군이 괌, 마샬제도의 콰잘레인에서 연 재판이 있다(표 3-2). 그중에서 1945년 12월 18일 미 제8군이 GHQ가 제정한 규정에 따라 996명을 기소함으로써 개정하고 1949년 10월까지 이어진 요코하마재판이 가장 규모가 컸으며 미국이 주관한 재판 중 가장 늦게까지 이어졌다.

요코하마재판은 중국인 강제 노동을 다루기도 했지만 97%는 포로를 대상으로 한 범죄였다. 일본이나 조선, 대만 등지의 사례를 모아 다뤘기에 미군 포로뿐 아니라 연합군 포로를 대상으로 한 범죄까지 다뤘다. 포로수용소 안에서 학대, 살인 등을 많이 재판했는데 포로수용소의 직원, 그리고 포로에게 강제로 노동을 시킨 기업의 현장 직원이 재판을 받았다. 또 다른 사례는 B29 폭격기 등 격추된 미군기 탑승원을 처형한 사건이다(상세한 내용은 4장 등을 참조).

**[표 3-2] 미국재판의 개요**

|  | 육군 | | | 해군 | 합계 |
|---|---|---|---|---|---|
|  | 요코하마 | 마닐라 | 상해 | 괌 | 합계 |
| 건수 | 319 | 97 | 11 | 47(25) | 474 |
| 명수 | 996 | 215 | 75 | 123(116) | 1,409 |
| 사형 판결 | 124 | 92 | 10 | 30(28) | 256 |
| 사형 확정 | 51 | 69 | 6 | 10(11) | 136 |
| 유죄 | 854 | 195 | 67 | 113(108) | 1,229 |
| 무죄 | 142 | 20 | 8 | 10(8) | 180 |

출천: 각종 미군 자료를 참조해서 작성했다. 따라서 법무성 자료와 수치가 다르다.
주) 괌에는 퀘젤린을 포함했다. 괄호 안은 다른 해군 보고서의 수치를 적었다.

요코하마재판에서는 여성도 기소되었다. 1945년 6월 지바현 사쿄정에서 B29 탑승원을 폭행한 혐의로 군인뿐 아니라 여성 2명을 포함한 민간인 12명도 기소되었다. 다만 두 사람 모두 무죄를 선고받았다. 또 다른 사례로 1945년 5월부터 6월까지 규슈제국대학 의학부에서 미군 포로를 산 채로 해부한 이른바 규슈대학 사건으로, 군 관계자와 의학부 교수 등 스태프와 함께 간호부장이 기소되어 5년형을 언도받았다(나중에 3년 2개월로 감형). 전범재판에서 유죄를 선고받은 여성은 이 사람뿐이다.

다음으로 상해재판은 중국 전역 미 육군 사령부가 1946년 2월부터 9월까지 비교적 단기간에 실시하여 중국, 대만에서 미군을 대상으로 한 범죄, 특히 격추된 항공기 탑승원에 대한 잔악 행위를 중심으로 다뤘다. 중국 정부가 미군에 대한 범죄에 관심을 갖지 않았기에 미국이 중국에서 전범재판을 실시하도록 인정한 배경이 있었다.

덧붙이자면 상해재판에서 기소된 자는 일본 측 자료로는 48명(그 외를 포함해서 52명)인데, 미군 자료에서는 75명으로 되어 있다. 후자에는 독일인도 포함했다.

상해재판이 다룬 사례 중 한구 사건이 유명하다. 이 사건은 1944년 12월 중국의 한구(漢口)에서 일본군 헌병대가 미군 포로 3명을 시내에서 조리돌리면서 군중에게 구타를 당하게 한 다음 교살한 사건으로, 미군은 꽤 이른 시기부터 정보를 파악하고 수사했다. 18명이 기소되었고 사형 8명, 종신형 1명, 유기형 11명, 무죄 1명이라는 엄중한 판결이 내려졌다.

또한 둘리틀 사례가 있다. 1942년 4월 처음으로 일본을 공습한 둘리틀 공격대 중 B25 폭격기 두 대가 중국의 남창(南昌) 부근 등에 추락했다. 당시 추락한 폭격기에 올랐던 탑승원들은 '무차별폭격을 행한 전쟁범죄인'이라는 죄목으로 군법회의에 회부되어 3명은 사형, 5명은 종신형에 처해졌다. 차후 이것이 부당한 처벌이었다는 문제가 제기되자 당시 군법회의를 소집한 제13군 사령관 사와다 시게루(澤田茂) 중장과 법무장교 등 4명이 기소되었다. 그들은 유죄 판결을 받았는데, 4명의 피고는 "법률이나 일본 정부, 상관의 명령에 따라 행한 행위이며 특별히 자신의 판단으로 하지 않았다"고 인정되어 모두 5년에서 9년의 중노동이라는, 이 종류의 사례로는 꽤 가벼운 형으로 끝났다.

세 번째로 1945년 10월 야마시타재판으로 시작한 마닐라재판은 필리핀이 독립했기 때문에(1946년 7월) 1947년 4월에 끝났다. 피해자의 종류를 알 수 있는 피고 201명을 보면 민간인(대부분 필리핀인)을 대상으로 한 범죄가 약 140명으로 7할을 차지하며, 포로를 대상으로 한 범죄는 약 60명에 그쳤다. 즉 대부분 필리핀 민간인을 학살하고 학대한 사례인데 특히 전쟁 후반기, 미군의 필리핀 진공작전 중 일본군이 게릴라 토벌을 명목으로 저지른 잔악 행위를 재판했다. 이러한 사례에서는 현장에서 잔악 행위를 자행했다고 여겨진 보병 부대의 하급 장교와 하사관이 많이 심판받았다. 물론 헌병도 다수 심판받았다. 개중에는 필리핀에 사는 중국인을 학살한 사례도 여럿 재판했다.

미 육군의 재판은 전체적으로 주로 포로를 대상으로 한 범죄를 다뤘다고 할 수 있으나 필리핀재판만은 필리핀 주민을 대상으로 한 범죄를 심판했다. 미국은 영국과 달리 일본군이 점령한 시가지가 필리핀 등에 한정되었으며, 지상전에서 사로잡힌 포로와 동시에 B29 등 공습 때 격추된 탑승원에 대한 잔악 행위에 민감하여 그러한 사례를 많이 다룬 특징이 있다.

**[표 3-3] 미 해군 재판에서 기소한 범죄 종류**

| 범죄 종류 | 피고인 수 |
|---|---|
| 살인 | 104 |
| 잔악 행위와 고문 | 4 |
| 굶주림과 태만 | 1 |
| 기타 폭행과 학대 | 3 |
| 휘하 대원 감독 소홀 | 18 |
| 포로 보호 실패 | 19 |
| 살인 공동 모의 | 10 |
| 포로의 시체를 명예롭게 매장함을 방해 | 1 |
| 포로를 위험한 일에 부림 | 1 |
| 군사작전에 직접 관련된 일에 포로를 부림 | 1 |
| 재판 없이 스파이를 불법 처형함[1] | 3 |
| 포로의 무덤을 모욕함[2] | 1 |

출전: 태평양함대 전쟁범죄국의 자료

---

1    식인 4건 포함

2    식인 5건 포함

## 해군의 재판 - 괌과 콰잘레인

앞서 2장에서 미 해군의 재판은 대일 전범재판 중 유일하게 전쟁 중부터 시작했음을 소개했다. 해군의 재판은 전체적으로 1949년 4월까지 콰잘레인에서 실시한 3건 18명을 포함하여 일본 측 자료로는 32건 127명, 미 해군 자료로는 123명이 기소되어 유죄 113명, 그중 사형 판결이 30명(그중 사형 확정은 10명)이었다(표 3-2). 사형에 대해서는 해군장관의 승인을 필요로 했기에 해군부는 상관의 명령으로 자행한 살인은 사형에 처하지 않는 방침으로 임했다. 그렇기 때문에 사형 판결의 대부분이 감형되었다. 재판 종료 후 일본 외무성 내부 보고에 따르면 괌재판은 "동정적이자 공평"했으며 변호인 측도 "충분한 활동을 인정받아" 형도 "비교적 가볍다"고 평가했다(외무성 문서).

이 재판에서는 괌 형법을 적용하여 대부분의 사례를 살인죄로 기소했다(표 3-3). 학대 등 죽음에 이르지 않은 행위를 기소한 사례는 적기에 신중히 검토하여 기소했음을 알 수 있다. 괌 주민에 대한 범죄는 1945년 10월까지 기소된 사례에서 다뤘으며 대부분의 피고가 사이판과 로타 출신자였다. 그 이후에는 잴루잇(Jaluit)섬이나 밀리(Milli)섬에서 주민을 학살한 사례, 지치지마(父島), 추크(Truk)섬, 팔라우(Palau)섬, 웨이크(Wake)섬, 밀레섬, 잴루잇섬 등에서 미군 포로를 살해한 사건을 다뤘다. 이 지역들은 해군이 주로 담당한 태평양 방면군의 관할이었으므로 해군이 재판했다.

괌에서는 미군 상륙 직전부터 마흔 몇 명이 살해당한 메리조(Merizo)

마을의 주민 학살이나 집단 강간 같은 일본군의 잔악 행위가 빈번히 발생했다. 하지만 약 2만 명의 일본군 수비대 중 1,300명만 살아남았기에 대부분의 잔악 행위 책임자를 체포할 수 없었다. 그래서 사이판 출신 경찰관들이 괌인을 상대로 저지른 개별 범죄만 재판할 수 있었다. 일본군이 괌인에게 저지른 범죄는 사이판인이 '떠맡았다'고 할 수 있을 것이다(졸고 「괌에서 재판된 미 해군의 전쟁범죄(グアムにおける米海軍の戦犯裁判)」를 참조하길 바란다).

# 3. 호주 - 강경한 대일 자세

도쿄재판에서 심판할 피고 선정 과정에서 호주만 히로히토(裕仁) 천황을 기소하자고 주장하는 등 엄중한 대일 자세를 취한 사실은 잘 알려져 있다. 호주는 1943년 6월이라는 이른 시기부터 본격적으로 일본군이 저지른 전쟁범죄를 수사하기 시작했다. 호주에서 북쪽에 있는 뉴기니와 주변 섬들에서 일본군과 연합군이 치열한 전투를 펼치던 시기였다.

호주 정부는 퀸즐랜드주 최고재판소 장관이었던 윌리엄 웹(William Flood Webb, 훗날 도쿄재판의 재판장)을 수장으로 하는 위원회를 설치했다. 이 웹위원회는 1944년 3월 450쪽에 달하는 일본군의 잔악 행위에 대한 보고서를 작성했다. 서구인 포로나 민간인을 대상으로 한 잔악 행위, 주민 살해, 강간 사건 등에다가 일본군 장병이 인육을 먹은 사례의 보고가 눈길을 끈다. 호주 장병이 대상이었던 사실은 일반인에게 숨겼으나 관계자는 충격을 받았다. 전쟁 범죄를 수사하는 웹위원회는 3차까지 조직되어 호주의 전범재판에 대한 기준을 만들었다.

이 위원회가 BC급 전범재판에 대해 다루는지도 검토했지만, 웹은 천황이나 정부·군 수뇌인 A급 전범에 관심을 집중하였기에 BC급 전범재판은 육군에 맡겼다. 1945년 10월 「전쟁범죄자의 재판 및 처벌을 규정하는 법률」이 제정되어 군사재판소가 BC급 전범을 심판했다. 기본적으로는 영국의 전범재판 규정을 바탕으로 했지만 호주는 '평화에 대한 죄'도 재판했다. 또한 전쟁범죄의 예시로 '식인'과 '사체 절단'을 추가한 사실은 식인이 준 충격이 컸음을 보여준다.

육군은 싱가포르와 도쿄에 전쟁범죄국을 설치하여 영, 미군과 협력하면서 수사를 시작했다. 뉴기니나 동부 인도네시아에서는 육군의 파견대가 수사했다. 또한 뉴질랜드는 호주의 일원으로서 수사진을 파견하여 전범 추적에 참가했다. 또한 유럽에서 호주인을 대상으로 발생한 범죄를 영국에 위임하는 대신, 보르네오나 위의 지역에서 발생한 범죄는 호주군이 수사했다.

호주 측의 자료에 따르면 296건 924명을 재판했다. 모로타이와 암보이나를 별개로 치면 합계 아홉 군데에서 재판을 실시했다. 호주재판은 몹시 엄한 인상을 주지만 중국 다음으로 무죄가 많다. 재판의 성격도 재판 지역마다 꽤 달랐다. 라바울을 제외하면 오로지 호주군 포로(홍콩에서만 서구계 민간인도 포함함)에 대한 범죄를 재판했다(표 3-4).

전체적으로 포로를 상대로 한 범죄가 전체 피고 중 81%를 차지했다. 다만 인도인과 중국인 포로의 사례를 제외하면 556명(60%)으로 낮아지지만, 기본적으로는 포로를 대상으로 한 범죄를 심판했다고 볼 수 있다.

라바울재판은 다른 곳과 달리 인도인 포로나 현지 주민, 중국인을 대상으로 한 범죄를 많이 재판했다. 일본군의 거점이었던 라바울에는 종전 시점에 일본 육군의 제8방면군(사령관 이마무라 히토시(今村均) 대장) 사령부가 있었으며 호주 육군 제1군은 라바울 주변 지역에서 약 8만 9천

**[표 3-4] 호주재판의 재판 지역과 피해자**

| 피해자 | | 계 | 피고 중 비율(%) | 재판 지역 | | | | | | | | 유죄판결 |
| --- | --- | --- | --- | --- | --- | --- | --- | --- | --- | --- | --- | --- |
| | | | | 모로타이 암본 | 웨와크 | 라부안 | 라바울 | 다윈 | 싱가포르 | 홍콩 | 마누스 | |
| 포로 | 연합군 | 556 | 60.2 | 147 | 1 | 145 | 41 | 22 | 63 | 27 | 110 | 388 |
| | 연합군 + 인도인 | 3 | | | | | 3 | | | | | 3 |
| | 인도인 | 172 | 18.6 | | | | 172 | | | | | 114 |
| | 중국인 | 18 | | | | | 18 | | | | | 16 |
| | 합계 | 749 | 81.1 | | | | | | | | | 521 |
| 민간인 | 서구계 | 14 | | | | | 2 | | | 12 | | 12 |
| | 현지 주민 | 104 | | 1 | | | 97 | | | 3 | 3 | 75 |
| | 중국계 | 43 | 11.3 | | | | 43 | | | | | 33 |
| | 인도계 | 4 | 4.7 | | | | 4 | | | | | 3 |
| | 현지 주민 +중국계 | 10 | | | | | 10 | | | | | 1 |
| | 계 | 175 | 10.8 | | | | | | | | | 124 |
| 피고 합계 | | 924 | 100 | 148 | 1 | 145 | 390 | 22 | 63 | 42 | 113 | 645 |

출전: 호주군 자료

주) 기소 내용에서 주요 피해자를 추출했다.

명의 병력을 무장해제했다. 많은 인도인과 소수의 중국인도 이곳에 끌려 와서 일본군의 특설근무중대나 야전화물창 등에 배속되어 일했다. 당초 그들은 영국군 등 연합군에 속했으나 말레이 반도 등에서 일본군의 포로가 되었다가 해방되는 대가로 일본에 협력하기로 약속한 자들이었다. 그들은 일본군 장병으로부터 당연한 일이라는 듯이 구타 등 사적 제재를 당했고, 식량을 훔치거나 도망쳤다는 이유로 처형되었다. 그러한 인도인이나 중국인, 혹은 현지 주민, 화교 등이 수사 당국에 호소했다.

　장기간 주둔한 일본군이 전후에는 완전히 라바울에 구류된 상태였기 때문에 용의자도 쉽게 잡을 수 있는 상황이었다. 일본 측은 그러한 인도인이나 중국인은 일본군의 구성원이니까 처벌은 전쟁범죄에 해당하지 않는다고 주장했으나 호주 당국은 그들을 포로라고 보고 일본군의 변명을 기각했다. 당초 일본군을 믿고 참가한 인도인도 인도 방면과 관계없는 태평양의 섬에 끌려와서 노동력으로 혹사당하며 폭행을 당했고, 종종 동료가 처형되었기 때문에 일본군에 배신당했다고 생각했을 것이다.

라바울재판에서 재판을 받은 사람은 많지만 개개의 사례를 보면 다른 곳에서는 거의 기소되지 않을 만한 경미한 사건까지 기소되었다는 인상을 준다. 덧붙이자면 당초 영국은 이 인도인 포로에 대한 범죄를 전범재판에서 다뤘지만, 도중에 영국 본국의 군법무감의 판단으로 그들은 포로가 아닌, 일본군의 구성원으로 보고 그들을 처벌한 일본군의 행위는 전쟁범죄에 해당하지 않는다고 판단했다. 그 결과 1947년부터 기소하지 않았다. 영국과 호주의 견해가 서로 달랐기에 재판받은 자에게는 불공평한 느낌이 남았다.

호주는 극동위원회의 권고를 따르지 않고 연합국 중에서 가장 늦게까지 재판을 했다. 타국이 재판을 이미 마쳤던 1950년 6월부터 이듬해 4월까지 마누스섬에서 26건 113명을 재판했다. 호주 정부는 중대한 범죄만을 기소할 방침이었으나 재판 결과는 113명 중 44명이 무죄였고 15명에게 사형 판결을 내렸으나 재심에서는 5명에게 사형을 확정했을 뿐이었다. 마누스에서 실시한 다른 재판에서는 퀸즐랜드주 고

등재판소 판사인 타운리(Kenneth Russell Townley)가 재판장을 맡았다. 민간 판사가 군사재판소의 재판장을 맡은 경우는 드물었기에 재판 결과에도 그 점이 반영되었다고 보인다.

호주가 끝까지 일본의 전범 처벌에 대한 강한 의지를 가진 이유로는 다음과 같은 사정이 있었다고 생각된다. 호주는 국토 바로 북쪽에 있는 뉴기니 지역이 치열한 전장이었고, 국토도 일본군이 여러 차례 공습하거나 잠수함으로 공격하여 군사적 위협을 가까이에서 느꼈으며 더욱이 식인 등의 정보를 통해 일본군의 잔악함에 충격을 받았다. 한편 다른 서방 국가와 달리 호주는 식민지의 독립 문제가 없었으며 냉전의 영향도 적게 받았다. 호주의 입장에서는 일본 군국주의의 부활이야말로 큰 문제였다.

덧붙이자면 호주재판은 꽤 거친 운영 방식을 취했다는 비판이 있으나 동시에 중국 다음으로 무죄 판결이 많았기에 비교적 형이 가벼운 측면도 있었다(졸저 「호주의 대일 전범 정책 전개(オーストラリアの対日戦犯政策の展開)」).

## 4. 네덜란드 - 일본과 인도네시아 사이

네덜란드는 주로 네덜란드령 동인도, 즉 현재의 인도네시아에서 발생한 범죄를 재판했다. 네덜란드 본국 자체가 독일에 점령되었기 때문에 일본이 패전한 직후에 이 지역에는 영국군이 주력인 연합군 동남아시아 사령부 휘하 부대가 진주했다. 당초 연합지상군의 수사팀이 전쟁범죄를 수사했다가 늦게 도착한 네덜란드군에 인계했다.

하지만 종전 직후인 1945년 8월 17일 수카르노가 인도네시아 독립을 선언하고 이미 일본군이 육성한 인도네시아인 부대가 인도네시아 국군으로서 네덜란드군의 지배에 저항했다. 네덜란드는 인도네시아 공화국을 진압하기 위한 전쟁을 치르면서 전범을 재판했다. 민중이 환영했던 말레이 반도의 영국 사례와 전혀 다른 이러한 상황은 재판에 큰 영향을 끼쳤다.

네덜란드 당국은 겨우 1946년 6월에 들어 본국에서의 전범재판과는 별도로 총독부가 제정한 다수의 총독령에 따라 전범재판의 절차를 정했다. 총독령으로 정한 전쟁범죄의 사례로서 앞서 소개한 항목에 '억류한 시민 또는 구금한 자를 학대', '정전 조건을 위반하여 적대 행위를 자행하거나 제3자에게 이를 부추기거나 그러한 목적으로 정보, 기회 혹은 수단을 공여한 행위' 등 5개 항목을 추가했다. 이 억류 시민에 대한 학대와 정전 조건 위반이라는 두 가지 항목은 나중에 서술하듯 네덜란드재판의 특징이다. 또한 정전 조건 위반을 전쟁범죄로 보는

데 위화감이 있을지도 모르지만 종래의 전쟁범죄의 이해에서도 '항복 규약 및 휴전 규약 위반'을 전쟁범죄의 예로 인정했다.

**[표 3-5] 네덜란드재판의 재판 지역과 피해자**

| 피해자 | 계 | 비율 (%) | 재판 지역 | | | | | | | | | | | |
|---|---|---|---|---|---|---|---|---|---|---|---|---|---|---|
| | | | 바타비아 | 메단 | 탄중피난 | 폰티아낙 | 반자마르신 | 빌릭파판 | 마카사르 | 쿠팡 | 암본 | 메나도 | 모로타이 | 홀란디아 |
| 포로 (A) | 233 | 15.8 | 63 | 38 | 0 | 1 | 7 | 50 | 27 | 1 | 2 | 1 | 0 | 43 |
| 서구 민간인 (B) | 499 | 33.9 | 306 | 92 | 3 | 28 | 23 | 18 | 10 | 1 | 11 | 7 | 0 | 0 |
| 민간인 (B) | 742 | 50.3 | 234 | 73 | 6 | 35 | 22 | 85 | 56 | 23 | 75 | 51 | 65 | 17 |
| 계 (실제 피고인) | 1,037 | 100 | 357 | 137 | 11 | 36 | 30 | 88 | 93 | 25 | 79 | 59 | 65 | 57 |
| 사형 | 228 | | 62 | 24 | 1 | 16 | 10 | 18 | 32 | 6 | 14 | 28 | 8 | 9 |

출전: 쟈엔 요시오의 자료집을 바탕으로 작성

주) 비율은 A+B+C를 분모로 한 퍼센트.
　　1명의 피고에 피해자가 중복된 경우가 있으므로 피해자 합계와 일치하지 않는다. 포로 수에는 홀란디아의 병보 40명을 포함했다.

　　네덜란드재판은 대부분 인도네시아에서 이루어졌으며, 파푸아뉴기니의 홀란디아도 포함하면 도합 열두 군데에서 실시됐다(표 3-5). 네덜란드재판을 전체적으로 보면 아시아태평양 지역의 민간인에 대한 범죄가 약 반절이다. 이어서 서방 민간인(대부분 네덜란드인), 즉 일본군이 억류한 민간인을 상대로 저지른 범죄가 3분의 1로 포로에 대한 범죄를 웃돈다. 억류 민간인을 상대로 한 범죄의 압도적 다수가 자바섬의 바타비아(현재의 자카르타)와 수마트라섬의 메단의 재판에서 다룬 데 반해, 암본, 쿠팡, 메나도, 모로타이 등 자바 이외의 동부의 섬에서 연 재판에서는 주로 현지 민간인에 대한 범죄를 다뤘다. 인도네시아의 영역 밖에서 유일하게 실시한 홀란디아재판에서는 인도네시아인 포로에 대한 범죄를 재판했다.

자바의 바타비아재판에서 다룬 사례의 대부분은 억류된 네덜란드 민간인을 대상으로 한 범죄였다. 인도네시아에 있던 많은 네덜란드인을 중심으로 하는 적국 유럽인의 일부는 억류에 들어갔으나 대부분은 지정된 거주지에 살게 되었다. 하지만 전황의 악화와 함께 방첩상의 관점에서 1944년 4월 일본군은 자바와 수마트라에 적국인 억류소를 설치하여 그곳에 민간인을 수용했다. 자바섬에서 약 7만 명, 수마트라섬에서 약 1만 2천 명에 달했다. 일본군은 점령한 동남아시아나 중국 각지에서 그러한 민간 억류소를 설치했는데, 인도네시아의 억류자가 제일 많았다. 많은 가족이 흩어져 비좁은 불결한 환경에 갇혀 살았으며 식량과 의약품도 부족했고 때로는 감시원에게 폭행을 당하여 차례차례 죽어갔다. 그곳에서는 조선인 군속이 포로수용소와 억류소의 감시원을 겸임했다. 일본 측이 작성한 자료에서는 자바에서 6,353명, 수마트라에서 1,217명, 합계 7,570명이 사망한 것으로 되어 있다. 네덜란드는 이러한 민간인 억류자를 상대로 한 학대를 중요하게 여겼다.

네덜란드가 작성한 자료에 따르면 바타비아재판에서 다룬 118건 362명 중 군 억류소 근무자가 47건 56명(그중 조선인 21명), 포로수용소 근무자가 22건 54명(그중 조선인 25명)을 차지한다(우쓰미 아이코(内海愛子), 「가해와 피해(加害と被害)」). 나머지 근무자의 사례도 포함해서 바타비아재판의 피

고 중 압도적 다수는 서구 민간인에 대한 범죄를 저지른 혐의로 재판을 받았다(표 3-5). 수마트라의 메단재판도 마찬가지였다. 자바의 스마랑 등지에서 억류자 중에서 젊은 여성을 골라 강제적으로 일본군 '위안부'로 만든 이른바 강제 매춘 사건도 바타비아재판에서 심판했다(4장 3을 참조).

자바와 수마트라는 육군이 군정을 담당했으나 그 외 네덜란드령 보르네오(칼리만탄)나 동부의 섬들은 해군이 군정을 맡았다(해군은 민정이라 불렀다). 자바가 인도네시아 민족운동의 중심지이자 반네덜란드 감정도 강한 데 비해, 이 지역들은 꼭 그렇지 않아서 연합군의 반격이 진행됨에 따라 연합군에 대한 기대가 커졌다. 그렇기 때문에 일본 해군은 주민을 연합군에 협력하려는 반일분자로 간주하는 경향이 강하여 연합군과 내통하여 간첩 활동을 했다거나 항일 음모를 꾸몄다는 이유로 주민을 체포하고 고문했으며 종종 대량 학살을 저질렀다.

칼리만탄의 폰티아낙에서는 1943년 10월부터 이듬해 초까지 항일 음모 사건이 있었다는 이유로 일본군은 약 1,600명의 주민을 체포하여 고문했다. 주모자로 간주된 47명만이 재판에 회부되어 사형에 처해졌는데, 나머지 체포된 자 대부분은 재판 없이 학살당했다. 1944년 9월에도 화교 유력자 약 130명을 체포하여 처형하는 사건이 발생했다(이세키 쓰네오(井関恒夫), 『서보르네오 주민 학살 사건(西ボルネオ住民虐殺事件)』). 이 일련의 사례는 폰티아낙재판에서 다뤘으며 책임자인 해군 제22특별근거지대 사령관이었던 다이고 다다시게(醍醐忠重) 중장이 사형에 처해지는

등, 해군과 해군 민정부 관계자가 재판을 받았다.

홀란디아재판은 조금 특이했다. 일본군의 병력 부족을 보충하기 위해 인도네시아에서 보조병을 소집하여 뉴기니에 보냈다. 일본군은 그들을 비행장이나 진지 구축, 물자 운반 등 노무자로 부렸다. 하지만 연합군의 반격 앞에 고립되자 식량도 다 떨어진 일본군은 굶주림과 말라리아 등으로 픽픽 쓰러졌는데, 그러한 상황 속에서 비축한 식량을 훔치거나 도망치려고 한 보조병을 총살했다. 이러한 사례를 전범재판에서 다뤘다. 종전 후 어떤 일본군 부대가 남긴 기록에 따르면 1,717명의 보조병 중에서 사망자 1,248명, 행방불명 288명, 현존 180명(숫자는 원문 그대로)이었기에 실로 많이 희생되었음을 알 수 있다(마에카와 카오리(前川佳遠理), 「아시아인 병사와 BC급 전범재판(アジア人兵士とBC級戦犯裁判)」). 일본 측은 보조병이 일본군의 구성원이기 때문에 전쟁범죄가 아니라고 했지만 재판부는 인정하지 않았다.

또한 정전 조건을 위반하여 재판을 받은 사례가 몇 건 있는데, 인도네시아 독립군에 무기를 넘기거나 가담하여 네덜란드군에 적대한 사실 등을 추궁한 건이다. 독립전쟁을 진압하는 가운데 실시한 재판임을 보여주는 전형적인 사례이다. 인도네시아의 독립, 즉 네덜란드의 패배와 함께 재판도 끝났다.

## 5. 필리핀 - 주민 학살을 재판하다

1945년 4월 필리핀에 상륙한 맥아더의 미태평양 육군 총사령부에 전쟁범죄지대가 설치되어 필리핀에서도 일본군의 전쟁범죄를 수사하기 시작했다. 망명지인 미국에서 돌아온 필리핀 자치령 정부의 오스메냐 대통령은 종전 이튿날인 8월 16일 필리핀인을 대상으로 한 전쟁범죄를 수사하고 용의자를 체포하여 신속히 재판에 회부할 목적으로 행정명령 제64호를 발표하고 국가전쟁범죄국을 설치하여 미군 수사팀과 협력하며 수사했다. 1945년 9월 15일 자 일본의 신문을 살펴보면 「필리핀전 중 일본군 병사의 폭행」이라는 제목으로 미군이 발표한 보고서 내용과 일본군이 주민을 잔혹하게 학살한 사례들을 소개하고 있는데, 이를 통해서도 당시 수사가 진행되고 있었음을 확인할 수 있다.

이러한 사례들은 미 육군이 실시한 마닐라재판에서 다뤘다. 그 후 1946년 7월 4일 필리핀이 정식으로 독립했기 때문에 미군이 수사하던 사건은 미국인이 관계된 사건을 제외하고 기본적으로 필리핀 정부에 인계했는데 이때 구금한 용의자 360명을 필리핀 정부에 인도했다. 이듬해 7월 필리핀 정부는 GHQ의 규정에 준한 전범재판 규칙과 규정을 제정하고 8월 1일부터 마닐라에서 재판을 시작했다.

기소사실별 숫자(표 2-2)를 보면 필리핀재판에서는 9할 이상이 비전투원을 대상으로 한 범죄였으며 강간 등 성폭력도 비교적 많이 다뤘다. 압도적으로 현지 주민에 대한 죄를 재판했다는 점에서 다음에 볼 중국재판과의 공통점이 있다.

필리핀의 민중은 일본군에 강한 반감을 품었기 때문에 일본군은 민중을 불신했다. 게다가 특히 미군이 상륙한 뒤부터 게릴라 활동도 강력히 전개되었기 때문에 민중을 적대시한 일본군이 마을 주민을 학살하는 사건이 잇달아 발생했다. 또한 미군이 진공함으로써 산악지대에서 패주하는 일본군 장병이 식량을 약탈하면서 주민에게 잔악 행위를 저지른 사례도 많았다.

169명의 피고 중 절반에 가까운 79명이 사형 판결을 받았으나 집행된 것은 17명에 불과했다. 1953년 7월 필리핀공화국 독립 7주년 기념일에 퀴리노(Elpidio Quirino) 대통령이 전범을 대규모 사면하여 사형을 전부 종신형으로 감형했기 때문이다. 이 시기에 대통령 선거를 앞 둔 퀴리노 대통령은 전범의 취급에 호의를 보임으로써 본인이 추진하던 일본과의 배상 교섭을 유리하게 해결하려고 생각했으리라 추측된다.

필리핀에서 일본군은 50만 명 가까이 전사했고 생존자는 10만 명 남짓이었는데, 이는 책임자 대부분이 전사했음을 의미했다. 또한 전장에서 잔악 행위가 많이 발생했고 일본군이 빈번히 이동했기 때문에 책임자를 특정하기 어려웠다. 그래서 사건과 직접 관계가 없는 자가 피고로서 재판받았다고 보이는 사건이 여럿 있는데, 그 점이 필리핀재판에 대한 비판이 되었다. 다만, 설령 그렇다고 해도 일본군이 엄청난 잔악 행위를 자행했다는 사실을 부정할 수는 없다.

# 6. 중국 - 두 개의 정부가 실시한 재판

## 국민정부가 실시한 재판

앞서 소개했듯 1942년 1월 전범 처벌을 선언한 세인트제임스 궁전 회의에 참관인으로 출석한 중국 대표는 이 선언의 원칙에 동의하고 일본에 대해서도 이를 적용할 의사를 표명했다. 그리고 그해 봄 외교부에 일본의 전쟁범죄 정보를 수집하는 기관을 설치했다. 오랫동안 일본의 침략을 받은 중국은 막대한 피해를 입었다. 행정원 등도 자료를 수집하기 위해 노력했으나 일본군이 점령 중인 상황 속에서 자세한 증거를 수집하기는 어려웠다. 그 후 1943년 6월 정부를 총망라한 새로운 조사기관을 설치하기로 결정하여 1944년 2월 중경에서 행정원의 지도 아래 외교부, 사법행정부, 군정부 등이 참가한 적인죄행조사위원회(敵人罪行調査委員會)가 탄생했다. 1943년 10월 탄생한 연합국전쟁범죄위원회의 하위 조직인 극동태평양소위원회가 중국의 주장에 근거하여 중국에 설치되었으며(1944년 5월 설치 결정, 11월 탄생), 양자는 협력해서 전쟁범죄를 조사했다.

전쟁이 끝난 1945년 12월 전범처리위원회가 설치되어 수사와 전범을 처벌했는데, 1946년 10월까지 17만 건 남짓한 일본의 전쟁범죄 사건을 접수했다. 극동태평양소위원회는 각국이 제출한 명부를 바탕으로 일본인 전범 명단을 작성하여 합계 3,142명을 전범으로 지명했는데 그중 중국이 제출한 명단은 2,523명이었다. 일본군이 저지른 학살이나 가옥 파괴, 재산 파괴 등 민중의 고발은 막대한 수에 달했으나 수사 당국도 범인을 특정하여 체포하기 매우 곤란함을 통감했다. 일본이 오랜 기간 동안 중국을 침략하여 많은 지역을 점령했기 때문에 전범 수사나 재판을 실행하기 위한 인원, 기구, 예산, 능력 등이 부족했고, 이것이 용의자의 도망을 허용하거나 엉뚱한 사람을 오인 체포하는 등의 문제로 이어지기도 했다. 특히 일본군이 작전 중 저지른 잔악 행위는 범인의 성명을 알 수 있는 경우가 적어서 피고가 고발해도 용의자를 특정하지 못한 경우가 많았다. 또한 국민정부 내부의 부패로 인해 용의자가 뇌물을 주고 전범 추적을 피한 사례도 있었다.

이러한 상황 속에서 국민정부는 1946년 2월 「전쟁범죄처리변법(戰爭犯罪處理變法)」 등 세 가지 법령을 제정하여 4월에 북경(北京)에서 시작해서 남경(南京), 상해, 한구, 광동(廣東), 심양(瀋陽), 태원(太原), 서주(徐州), 제남(齊南), 대북(臺北) 등 열 군데에서 재판했다. 중국의 경우, 만주사변이 발발한 1931년 9월 18일부터 발생한 범죄가 대상이었으며 1932년 9월 중국 동북 지방 무순(撫順) 교외의 어떤 마을을 일본군이 습격하여 주민을 대량학살한 평정산(平頂山) 사건 같은 이른 시기의 범죄도 재판했다. 일본 측 자료에 따르면 중국이 재판한 용의자는 883명, 그중 유죄가 503명이다. 중국 측 자료는 유죄가 442명에서 458명으로 다르다.

중국은 기본적으로 중국인을 대상으로 한 범죄를 재판했는데 대부분 민간인을 상대로 한 범죄이다(표 2-2). 일본군의 침략 때문에 중국 본토가 오랫동안 전장이 되거나 점령된 결과였다. 살인이나 학대 등 사람에 대한 범죄 행위가 압도적 다수로 기소되었는데, 재물 약탈이나 파괴·방화·강제 징발, 노무 강요, 민중 추방, 사상 마비·노예화, 아편 판매 등 다양한 행위를 다룬 점이 다른 나라와 달랐다. 또한 침략 전쟁 조장이라는 '평화에 대한 죄'에 해당하는 행위도 재판했다.

1946년 4~6월에 중국 외교부가 실시한 조사에 따르면 상해 방면에서 가옥 파괴 13만 400건, 재산 파괴 2만 7,054건이 고발되었다. 형양 방면에서는 4만 5천여 채의 가옥 중 멀쩡한 집이 다섯 채, 수리하면 사용할 수 있는 경우가 200채 남짓했으며 인적 피해는 14만여 명, 농사용 소도 8만여 마리 중 2만 마리 정도만 남았다(이코 토시야(伊香俊哉), 「중국 국민정부의 일본 전범 처벌 방침 개요(中国国民政府の日本戦犯処罰方針の展開)」). 이렇듯 무시무시한 약탈과 파괴 행위를 자행한 일본군을 살인과 학살 혐의만으로 처벌을 끝낼 수 없었다고 할 수 있을 것이다. 또한 일본군은 아편을 재배하고 판매하여 자금을 마련했는데 이 역시 중대한 문제였다. 또한 신민회 같은 대일협력조직을 만들어 중국인을 거기에 편입하여 일본에 예속시키려고 한 행위는 중국인의 사상을 마비시키고 노예로 만들려는 의도를 가졌다는 이유로 재판했다.

중국에서는 학살이나 파괴가 대규모였던 사실을 반영했는지 개개의 행위를 재판할 뿐 아니라 사단장 같은 장성급을 일련의 전쟁범죄의 책임자로 기소하는 사례가 비교적 많다. 미국 다음으로 장성 피고의 수가 많았으며 퍼센트로 계산하면 가장 많았다(표 2-3). 다만 그들은 금고형이나 무죄를 선고받는 비율이 높았고 현장의 하급 장교나 하사관

이 무거운 처벌을 받았다. 특히 중국인을 고문하는 공포와 증오의 대상이었던 헌병은 유죄 약 4할, 사형의 대략 절반을 차지했다(와다 히데오(和田英穂), 「피침략국 대일전쟁범죄 재판(被侵略国による対日戦争犯罪裁判)」). 긴 점령기 동안 헌병이 항일운동을 가혹하게 탄압한 사실을 반영한 것이다.

중국의 전범재판이 갖는 특징을 들자면 첫 번째로 무죄가 많다. 무죄 판결은 약 40%를 차지했다(표 2-1). 이렇게 된 큰 이유는 국공 내전 때문에 국민정부가 일본군을 이용했으며 또한 내전에서 계속 패배함으로써 재판을 어중간하게 끝낸 점을 들 수 있다. 국민정부에 협력한 지나파견군 총사령관 오카무라 야스지(岡村寧次) 대장을 끝내 여론의 압력에 굴복하여 기소했으나 무죄를 선고한(1949년 1월) 일이 전형적인 사례일 것이다. 내전은 재판 내용에도 영향을 끼쳤다. 일본군은 이른바 삼광작전(三光作戰)이라 부르는 마을 파괴, 살육, 약탈 작전을 철저하게 전개되어 지역에 막대한 피해를 입혔지만 국민정부의 전범재판에서는 그러한 잔악 행위를 다루지 않았다. 중국인 강제 노동도 중국이 재판을 해도 이상하지 않았으나 다루지 않았다. 중국 측이 연행자를 팔로군(공산당군) 관계자로 보았을 가능성이 있다(조핫카이(猪八戒), 「냉전구조와 중국인 강제 연행(冷戰構造と中国人強制連行)」).

대체로 일본군은 중국 전선에서 독가스를 사용했지만 호북성(湖北省) 무한(武漢)에서 연대장급 장교가 재판을 받았을 뿐이었다. 또한 대북(台北) 재판에서 고문할 때 자극성 가스를 쓴 사례가 있지만 독가스전과는 다르다. 즉 독가스전은 거의 재판받지 않았다.

중국은 대만인도 전범으로 재판했다. 헌병대의 통역이나 경찰, 포로수용소 감시원 등 합계 58명이 유죄를 선고받았고 그중 5명이 사형에 처해졌는데 유죄자의 1할을 차지하기에 비중이 크다(와다 히데오, 「전범과 한간 사이에서(戰犯と漢奸のはざまで)」). 한편 연합국전쟁범죄위원회는 대만인이 일본 국민이었기 때문에 대만을 대상으로 한 잔악 행위를 다루지 않기로 확인했다(1947년 1월). 이렇게 결정을 내린 배경을 잘 알 수는 없지만 전범재판에서 일본이 대만인을 상대로 저지른 범죄는 다루지 않았다.

내전에서 패배하는 상황 속에서 국민정부는 1949년 1월 26일 오카무라 야스지 등에게 무죄를 선고하고 상해재판을 마무리 지음으로써 모든 전범재판을 마쳤다. 한 달 후 국민정부는 복역 중인 모든 전범을 일본에 송환하고 대만으로 도망쳤다. 5월 상해도 공산당군에 점령되었다. 그해 10월 1일 모택동(毛澤東)은 중화인민공화국의 탄생을 선언했다.

### 중화인민공화국의 재판

중화인민공화국이 탄생했을 때, 국민정부가 공산당의 반대에도 불구하고 오카무라 등의 전범을 일본에 송환했기에 중국 수중에 남은 일본인 전범은 극히 일부였다. 그 후 1950년 7월 소련이 억류자 중 중국에서 전쟁범죄를 저지른 혐의를 받는 969명을 인도했다. 그 외 산서성(山西省) 등에 남아 군벌인 염석산(閻錫山)과 협력하여 공산군과 싸우다 붙잡혀 전범으로 억류된 자가 140명이었다. 전자는 무순(撫順), 후자는 태원의 전범관리소에 수용되었다.

그곳에서 그들은 전범으로서 학대를 받기는커녕 오히려 사람다운 대접을 받음과 동시에 자기가 저지른 행위를 철저하게 고백하고 반성하여 죄를 인정하도록 '인죄학습(認罪學習)'을 받았다. 그동안 중국 측도 사실을 조사하여 피해자와 관계자의 증언이나 증거를 수집하고 전범이 사실을 인정하게 만들기 위해 노력했다. 당초 사실을 인정하면 죽을 것이라 생각하여 거짓말을 하거나 명령이니까 어쩔 수 없었다는 식의 자기변명으로 일관하던 전범들도 인간다운 대접을 받게 되자 놀랐고, 또 피해자의 고통과 슬픔을 느끼는 등 인간성을 되찾아 갔다. 그리고 점차 자신들이 저지른 잔악 행위를 솔직하게 고백하고 반성하고 사죄하는 자들이 늘어갔다. 문자 그대로 '악귀에서 인간으로' 다시 태어난 것이다.

이러한 경위를 거쳐 1956년 4월 전국인민대표대회 상무위원회는 많은 이가 "반성하는 모습"을 보이고 있음을 고려하여 "관대한 정책에 근거하여 처리"하기로 결정했다. 이에 따라 기소된 45명과 도중에 사망한 자를 제외한 1,017명은 기소 면제되어 6월부터 9월까지 귀국했다.

기소된 45명은 만주국 관계자 28명, 염석산 군 등 국민당 협력자 9명, 나머지 군인 8명이었다. 만주국과 국민당 관계자 중에도 군인이 많이 포함되어 있으나 대체로 장성이나 좌관급이 많았고 하사관과 병사는 없었다. 소련에서 인도받은 시점에서 육군 관계자 585명 중 하사관이 223명, 병사 259명, 합쳐서 482명으로 다수를 차지했으나 병사는 아무도 기소하지 않았다. 만주국 관계자 중에서는 장관이나 차장, 국장, 과장급, 혹은 헌병대의 대장급(佐官) 등이 중심이었다(도요타 마사유키(豊田雅幸), 「중화인민공화국 전범재판(中華人民共和国の戦犯裁判)」). 즉 상급 장교 혹은 간부에 한정해서 기소했음을 알 수 있다.

심판을 받은 범죄는 군인의 경우 포로나 주민 학살, 독가스 사용, 인체 실험, 주민 추방, 공공기물 파괴, 재물 약탈 등이었다. 731부대의 사카키바라 히데오(榊原秀夫) 소좌가 세균전을 준비한 혐의로 책임을 추궁받은 사례도 있다. 만주국 관계자 중에서는 살해, 고문 같은 상세한 잔악 행위와 함께 치안, 경제 침략, 노무, 문화 침략, 독화(毒化, 아편을 제조하고 판매) 같은 정책을 기소 사유에 포함하여 일본이 중국을 침략하면서 만든 만주국 자체를 재판했다고 할 수 있었다. 염석산 군(軍) 관계자는 일본 군국주의를 부활하려는 목적으로 잔류하여 해방전쟁에 대항한 점을 재판했다.

1956년 6월부터 7월까지 심양과 태원에 최고인민법원 특별군사법정이 설치되어 4건으로 분류하여 심리하여 피고 45명이 전원 유죄 판결을 받았다. 하지만 형은 금고 20년(4명)부터 11년까지였고 사형 판결을 받은 이는 없었다. 게다가 구류 기간을 형기에 합산했고 또 대부분이 감형 처분을 받아 1964년 4월까지 모두 귀국했다. 1950년 시점의 1,109명 중, 중간에 병으로 죽은 자를 제외하고 1,061명이 귀국할 수

있었다(중국귀환인연락회(中国帰還者連絡会編), 『귀국한 전범들과 그 후의 삶(帰ってきた戦犯たちのゴ後半生)』).

중화인민공화국이 이렇게 관대한 대응을 한 이유 중 하나로 당시가 전쟁이 끝나고 어느 정도 시간이 흘러 사건을 냉정하게 살펴볼 수 있는 시기였음을 꼽을 수도 있을 것이다. 그러나 보다 중요한 것은 이때 중국이 1953년 한국전쟁 휴전, 1954년 중국과 인도의 평화5원칙 공동성명, 1955년 아시아아프리카회의(반둥회의)를 거치며 적극적인 평화공세를 통해 일본과의 관계를 개선하려고 노력 중이었다는 지점이다. 즉 중국 측이 전범에게 극형을 내리라는 국내 여론을 억제하고 관대한 처분을 용인한 것은 일본과의 관계 개선을 위한 일종의 호소였다고 말할 수 있을 것이다.

그런데 지금까지 서술해 온 전범재판과는 별도로 종전 직후에 적지 않은 일본인이 공산당군에 붙잡혀 이른바 인민재판에 회부되어 처형당한 사례도 있었다. 대중 앞에서 실시한 이 즉결재판에서 1천 명 이상이 처형되었다는 추정도 있으나 실상은 잘 알 수 없다.

또한 전범재판에 관련해서 일본을 도운 중국인을 재판한 이른바 한간[3]재판(漢奸裁判)도 중요하다. 국민정부는 이미 전쟁이 시작된 직후인 1937년 8월 「한간징벌조례(漢奸懲罰條例)」를 공포했지만 종전 후인 1945년 11월 「한간재판처벌조례(漢奸裁判處罰條例)」를 공포했으며 12월에는

---

3  역자주) 본디 한간(漢奸)은 한족을 배반하고 만주족 등 이민족의 신하가 된 자를 가리키는 단어이지만, 현대에는 외국의 앞잡이가 된 매국노를 의미한다.

「한간징벌조례」를 개정했다. 이러한 법령에 따라 대일 협력자를 재판했다.

왕조명(汪兆銘) 정권 등 괴뢰정권의 공직자를 비롯해 다양한 계층의 협력자를 재판했다. 공산당의 세력이 강한 농촌 지역에서는 전쟁 중 부정한 방법으로 부를 쌓은 자를 재판하여 재산을 몰수, 분배하고 토지개혁을 추진한 경우도 있었다(마스이 코이치(益井康一), 『한간재판사(漢奸裁判史)』). 국민정부 사법행정부는 유죄 1만 4,932명(사형 369명), 무죄 5,822명, 나머지 1만 654명이라고 보고했다. 합산하면 3만 140명인데 3만 185명을 기소했다는 기록도 있다(중국인민정치협상회의(中国人民政治協商会議編), 『중국전선 일본군의 항복 접수 전말(中国戦区受降始末)』). 다만 농촌 지역도 포함하면 처벌받은 자도 처형된 자도 훨씬 많을 것이라고 생각한다.

전범재판에서 심판한 숫자를 비교하면 인민재판을 포함한다고 해도 한간재판 쪽이 훨씬 많음을 알 수 있다. 민중의 분노는 침략자보다 오히려 동포를 배반한 자를 향하는 경향이 있었다고 할 수 있을지도 모른다.

# 7. 프랑스 - 재판하지 않은 민중 피해

프랑스재판은 프랑스령 인도차이나(일본 호칭은 불인佛印)의 사이공(지금의 호치민)에서 열렸다. 전시 프랑스 식민 당국은 본국이 독일에 점령당한 상황 속에서 일본군의 강제 진주를 강요받았으나 일본에 협력함으로써 존속할 수 있었다. 일본군도 일반 행정은 식민 당국에 맡기고 물자 징발 같은 업무도 맡겼다. 이렇게 해서 인도차이나는 일본과 프랑스가 공동 지배했다. 하지만 일본과 독일이 계속 패배하자 식민 당국이 연합국 측으로 돌아서지 않을까 두려워한 일본은 1945년 3월 9일 무력으로 식민 당국을 해체했다. 그리고 베트남과 캄보디아를 형식상 독립시켰으나 실제로는 일본군이 직접 통치했다. 프랑스는 전범재판에서 그때 식민 당국의 프랑스인 관계자나 군인, 민간인 등을 억류하고 학대한 사실을 다루었다. 그중에서 큰 사례는 랑선에서 일본군이 약 300명의 프랑스 포로를 학살한 사건이었다.

법무성 자료에 따르면 230명의 피고가 프랑스 당국에 재판을 받았다. 표 2-2에 따르면 비전투원에 대한 범죄를 재판한 비율이 크지만 기소 내용이 밝혀진 207명 중에서 포로를 대상으로 한 범죄가 122명, 프랑스계 민간인을 대상으로 한 범죄가 186명이다(중복된 경우가 있다). 그에 비해 현지 주민을 대상으로 한 범죄는 프랑스인에 대한 범죄와 합쳐서 기소한 경우가 몇 건 있으나 그것까지 포함해도 30명 정도에 지나지 않는다.

일본군이 진주하면서부터 베트남 공산당이 중심이 되어 조직한 베트남독립동맹회(베트민)가 일본과 프랑스 양쪽을 상대로 저항운동을 펼쳤는데 그들은 양쪽으로부터 탄압을 받았다. 일본이 패전한 직후인 9월 2일 베트민 지도자 호치민이 하노이에서 베트남민주공화국의 독립을 선언했으나 프랑스는 인정하지 않고 무력으로 진압을 시도했다. 일본과 프랑스의 공동 지배, 나아가 일본의 단독 지배 아래 베트민과 관련된(관련되었다고 간주한) 주민도 피해를 입었으나 재판에서는 그러한 베트남 민중의 피해를 거의 다루지 않았다. 전쟁 전부터 민족주의 운동을 철저하게 단속한 프랑스의 입장에서 보면 인도차이나 민중의 목소리를 힘차게 대변하려는 자세가 전혀 없었다고 보인다. 전범재판은 독립을 진압하려는 제1차 인도차이나전쟁과 함께 진행되었다. 식민 당국은 민중의 희생 위에 자신의 지위를 유지하려고 했기에 일본군이 주민을 대상으로 저지른 범죄의 공범자였다고 할 수 있다.

일본군의 간접 통치가 길었기 때문에 다른 동남아시아 지역과 비교해서 일본군이 주민을 상대로 벌인 잔악 행위는 그렇게 많지 않았다고 할 수 있겠지만, 식량 수탈 등으로 많은 이가 굶어 죽었다는 사실을 잊으면 안 된다. 결국 일본군이 인도차이나 민중을 상대로 저지른 범죄는 전혀 심판받지 않은 상태로 끝났다.

# 8. 소련 - 어둠 속의 재판

소련은 연합국 전쟁범죄위원회에 참가하지 않아 연합국의 상호 정보 교환에도 불참했기 때문에, 소련재판의 실태를 자세히 알기는 어렵다. 일본의 법무성은 BC급 전범재판의 통계에서도 소련재판은 제외했다.

소련은 구 만주 등에서 억류한 일본군 장병 중에서 전범을 적발하여 재판했다. 전범 수형자로서 석방되어 일본에 돌아온 자는 2,689명으로 여겨진다. 따라서 소련이 약 3천 명을 전범으로 재판했다는 추정은 사실에 가깝다고 생각한다(이와카와 다카시(岩川隆), 『외딴 섬의 흙이 될지라도(孤島の主となるとも)』). 소련은 1947년부터 1950년까지 국내에서 사형을 폐지했기 때문에 그동안 사형 판결은 없었던 듯하다. 그렇기 때문에 중노동 판결이 많은 듯하지만 시베리아에서의 중노동 중 사망한 이도 적지 않았다고 보인다.

후생성이 제시한 수치에 따르면 소련이 억류한 일본인 포로는 57만 5천 명이며 사망자는 약 5만 5천 명으로 되어 있다. 소련의 자료를 이용한 연구에 따르면 합계 60만 9,448명(중국인, 조선인, 몽골인 등을 포함해서 64만 105명), 그중 사망자는 6만 1,855명(1956년 10월 13일까지)이라는 수치가 있다(에구치 도시카즈(江口十四一), 「시베리아 억류 문제의 현황과 과제(シベリア抑留問題の現状と課題)」). 또한 북한이나 구 만주 등지의 수용소에서 사망한 이를 포함하면 합계 9만 2천 명에 달한다는 소련의 연구도 있다(빅토르 카르포프(ウィクトル・カルポフ), 『스탈린의 포로들(スターリンの捕虜たち)』). 이 사망자 중에 전범으로

처형되었거나 억류 중 사망한 전범 용의자도 포함되었다고 보인다.

1945년 8월 9일부터 시작된 일본과 소련의 전쟁은 극히 짧은 기간 내에 끝났다. 일본이 소련을 침공해서 소련 민중에게 잔악한 행위를 저지르지 않았고 소련군을 포로로 잡지도 않았다. 그렇다면 소련은 어떠한 전범을 재판했을까?

소련은 소련형법의 간첩죄나 반혁명죄를 적용하여 특무기관원 등 첩보 활동에 관여한 자들을 다수 재판했다. 교전국이 체포한 스파이를 전시 범죄자로 처형할 권리를 인정하지만 간첩 행위 자체는 전쟁범죄가 아니다. 따라서 엄밀히 말해 전범재판이라 할 수 있을지 의문이다. 재판을 받은 사람 가운데에는 윌타 같은 북방 소수민족도 있지만 5장에서 다루기로 한다.

일본에도 알려진 재판 중 731부대 관계자를 재판한 하바롭스크재판이 전범재판이라 부르기에 합당한 사례이다. 1949년 12월 25일부터 30일까지 하바롭스크에서 열린 이 재판에서 소련 당국은 전 관동군 사령관 야마다 오토조(山田乙三) 대장과 관동군 군의부장 가지쓰카 류지(梶塚隆二) 군의중장, 731부대 가와시마 기요시(川島清) 군의소장 등 12명을 세균전의 준비와 수행, 모략, 비인도 실험을 했다는 혐의로 기소했다. 판결은 모두 25년에서 2년 사이의 교정 노동이었다. 이듬해 재판 기록이 공간(公刊)되었고 일본어로도 번역되었다. 덧붙이자면 이 재판에서 소련은 731부대장이었던 이시이 시로(石井四郎) 중장 등의 심문을 미국에 요구했으나 미국은 거부하고 731부대의 기밀 정보를 독점했다.

1949년 3월 극동위원회는 9월 말까지 BC급 전범재판을 마치라는 권고를 채택했으나 재판 종결에 저항한 소련은 기권했다. 하바롭스크 재판이 끝나고 이듬해 1950년 2월, 소련은 미국에 천황을 기소하도록 요구했다. 도쿄재판 개정에 앞서 소련은 피고를 고르는 국제검찰국 검찰회의에서 천황을 기소하자고 주장하지 않아 미국과의 충돌을 피했으나 이 단계에 들어 내놓은 천황 기소 요구는 정치 프로파간다일 뿐이었다. 냉전이 진행되는 가운데 전범 추적을 마무리 짓는 서방을 향한 비판의 도구로 하바롭스크재판을 열었다고 볼 수 있을 것이다. 물론 731부대 관계자는 재판을 받아 마땅하지만 말이다.

덧붙이자면 1953년 11월 신문은 '외몽골 전범'이 약 100명 있다고 보도했다. 몽골군(외몽골)은 소련군과 함께 구 만주에 진격하였기에 몽골도 전범재판을 열었는지, 아니면 소련에 붙잡힌 전범이 몽골에 구류되었을 뿐인지 잘 알 수 없다.


지금까지 8개국의 전범재판이 갖는 특징을 보았는데 그 내용을 쉽게 정리하도록 하자.

중국과 필리핀처럼 본국이 일본에 직접 점령되었고 민중이 피해를 입은 나라의 재판에서는 당연히 대민 범죄만을 재판했다. 다만 중국의 경우에 재판 내용이든 종결이든, 국공 내전이 심각한 영향을 주었다. 필리핀은 중국에 이어 일본군이 주민을 빈번히 학살한 지역이었다. 특히 1944년 가을에 미군이 필리핀에 다시 상륙하여 항일 게릴라가 활발하게 활동한 가운데 그러한 잔악 행위가 많이 발생했다. 필리핀은 일본에 대해 엄중한 자세로 재판에 임했으나 전후 보상과 관련해서 전범을 조기 석방했다.

영국, 네덜란드, 프랑스처럼 동남아시아에 식민지를 가진 서구 국가의 경우, 본국과 식민지 민중운동의 관계가 전범재판의 방식에 큰 영향을 주었다. 비교적 민족운동의 힘이 약하고 또 화교가 많은 말레이 반도나 싱가포르 같은 영국의 식민지에서는 항일운동이 강했기 때문에 일본군이 민중을 상대로 심한 잔악 행위를 저질렀다. 영국은 식민지 민중의 지지를 얻어 식민지를 재건하려는 의도 때문에라도 그러한 민중의 피해를 적극 다루었다.

종주국 프랑스가 민족운동을 철저히 탄압했으며 일본과 함께 지배한 인도차이나에서 민중은 일본뿐 아니라 프랑스에도 강하게 반발했다. 프랑스가 일본과 공동 가해자였던 사정도 있었기에 프랑스는 식민지 민중을 상대로 한 잔악 행위를 재판하려고 하지 않았다. 똑같이 식민지 지배를 재건하려고 했어도 영국과 프랑스는 대조를 이룬다.

네덜란드가 지배한 인도네시아에서는 민족운동과의 관계가 지역마다 꽤 달라서 자바처럼 민족운동이 강한 지역과 친네덜란드 성향을 가진 지역은 상황이 달랐다. 전자는 많은 네덜란드 민간인이 억류, 학대당한 점도 있어서 주로 네덜란드인을 대상으로 한 범죄를 재판했으나 후자는 연합국과 협력한(혹은 일본군이 그렇게 본) 민중에 대한 잔악 행위를 많이 다루었다.

필리핀을 제외하고 동아시아에 식민지가 없는 미국은 미군 포로에 대한 잔악 행위만 재판했다. 식민지 민족운동에 직결하지 않은 데다가 냉전의 영향을 그다지 받지 않은 호주는 공산주의보다도 일본 군국주의의 부활을 경계하여 끝까지 전범재판을 수행했다.

각국 모두 사정이 복잡했기에 위의 정리는 각자의 일면만을 다루었으나, 분명한 것은 전범재판이 전쟁 전·중·후의 상황, 서유럽-동남아시아·동남아시아-일본의 각각의 국가와 민중의 관계, 각 나라별 민족운동의 모습 등 복잡한 조건 속에서 시행되었다는 사실이다.

제4장
재판받은 전쟁범죄

# 제4장
# 재판받은 전쟁범죄

이번 장에서는 전쟁범죄 피해자를 유형별로 나누어 피해 실태와 전범재판의 내용을 살펴보려고 한다. 아시아 민중, 연합국 포로, 여성에 대한 범죄 세 가지로 나누어 보도록 하자.

## 1. 아시아 민중을 대상으로 한 범죄

앞서 보았듯 BC급 전범재판 중에서 가장 많은 사례가 아시아태평양 지역의 민중을 대상으로 자행된 잔악 행위였는데 크게 두 가지 유형으로 나눌 수 있다.

하나는 보병 부대 등의 조직이 주민을 집단 학살한 사례이다. 게릴라 토벌이라는 명목으로 출동하여 현지에서 살해한 경우와 일단 체포하여 경찰서 혹은 감옥 등에 가둔 뒤 몰래 집단 처형한 경우가 있다. 이러한 경우, 명령을 내린 지휘관(좌관 이상의 장교)이나 현장 지휘관(대대장, 중대장급 장교), 혹은 그 밑에서 병사를 지휘한 하사관 등을 기소하는 경우가 많았다.

또 하나는 항일 등의 용의로 체포한 자를 고문하고 종종 죽인 사례인데 보통 학대 혹은 학대치사, 때로는 살인 혐의로 기소했다. 이러한 잔악 행위는 헌병이 많이 저질렀는데 직접 조사를 하는 하사관급을 기소하는 사례가 많았다. 고문은 꼭 상관의 명령으로 인정되지 않았으며 조사 담당자의 재량과 판단에 따르는 경우가 많기 때문이다. 먼저 전자부터 보기로 하자.


## 주민 집단 학살 - 말레이 반도의 사례

주민 집단 학살은 중국이나 동남아시아 각지에서 벌어졌는데 이 책 머리말에서 소개한 싱가포르 화교 숙청 사건은 대표적 사례이다. 이 싱가포르 숙청에 이어 말레이 반도 각지에서도 화교가 대량으로 학살당했다. 그중에서 느그리슴빌란(Negri Sembilan)주의 사례가 영국이 쿠알라룸푸르에서 연 재판의 대상이므로 보기로 하자(자세한 내용은 『재판받은 전쟁범죄』를 참조하길 바란다). 느그리슴빌란주에서는 제5사단(사단장 마쓰이 다쿠로(松井太九郎) 중장) 예하 보병 제11연대(연대장 와타나베 쓰나히코(渡辺綱彦) 대좌)가

1942년 3월 숙청 작전을 집중 수행하여 곳곳에서 수십 명 혹은 수백 명 규모의 주민을 학살했다(그림 4-1).

파릿팅기(Parit Tinggi, 중국식 이름은 강웨이港尾) 마을에서 집단 학살을 저지르고 쿠알라필라(Kuala Pilah) 마을의 학교 뒷뜰에서 두 차례에 걸쳐 주민 수십 명을 처형한 혐의로 보병 제11연대장 와타나베 대좌, 제7중대장 이와타 미쓰기(岩田光儀) 중위, 같은 중대의 소대장(하사관인 조장) 세 사람이 쿠알라룸푸르 법정에 기소되었다. 연대장은 느그리슴빌란주 전역에서 숙청을 수행한 책임을 추궁받았다.

**[그림 4-1] 말레이 반도 관련도**

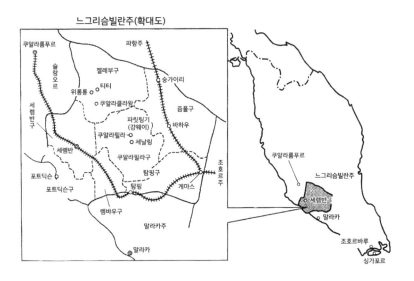

당시 연대장은 "열대성 피부염에 걸려 연대를 제대로 지휘할 수 없었다."라고 변명했다. 그러나 이와타 중위의 진술서에 따르면 연대본

부에 중대장 등을 모아 중국인을 "엄중 처분(그 자리에서 처형)"하라는 군명령을 전달했을 때 "이 명령을 실행할 수 없다."라는 중대장의 호소에도 불구하고 연대장이 직접 "작전 명령이니 실행하라."라면서 이의 제기를 막았다고 한다.

그리고 세날링(Senaling) 마을에 거주하는 네 가족, 합계 24명(내가 조사하기로는 25명)을 붙잡아 처형한 혐의에 대해서도 기소되었다. 이와타 중위는 그들을 헌병대에 넘겼을 뿐이며 나중에서야 처형된 사실을 알았다고 변명했다. 하지만 네 가족을 '처치'했으므로 그들의 집에 있는 '물품과 나머지'는 처분하여 마을 경비로 사용하라고 중위가 촌장에게 지시한 서명된 편지가 증거로 제출되었다. 맨 처음에 촌장은 중위로부터 구두 지시를 받았으나 나중에 문제가 발생하면 곤란하다는 이유로 문서로 받았다. 중위가 나중에 그들이 처형된 사실을 알았다고 말하는 시기보다도 이른 시기에 이 편지를 썼기 때문에 그의 변명은 이것으로 뒤집어졌다. 또한 며칠 뒤에 수십 명이 처형당한 현장에 마을 유력자가 달려와서 중위에게 살려달라고 부탁한 증언도 나왔기에 이 사례에 대해서도 이와타 중위의 변명은 반박되었다. 이와타 중위는 증거나 증언에 따라 근거가 있었지만 조장에 대해서는 포로로 잡은 24명과 함께 트럭을 탔다는 사실만이 밝혀졌기에 그가 처형에 관여했는지는 법정에서 입증하지 못했다.

이와타 중위는 역시 파릿팅기 마을에서 약 600명의 주민을 학살한 책임을 추궁받았는데, 일본군의 진중일지 등 자료를 보는 한 이 마을의 숙청은 제2대대 주력(제5, 제8중대)이 담당했으며 이와타 중위의 제7중대는 훨씬 남쪽에 있는 지역을 맡았다. 파릿팅기에서 중위를 봤다는 법정 증언이 유력한 증거가 된 듯하지만 설득력이 있다고 할 수 없다. 덧붙이자면 이 진중일지는 태평양에서 미군이 노획했으며 1958년 일본에 반환했다. 따라서 전범재판에 제출되지는 않았다.

재판에서 세 사람은 모두 사형을 선고받았다(연대장만 총살형, 나머지는 교수형). 연대장은 느그리슴빌란주 전체의 학살을 명령한 책임을 추궁당했다고 할 수 있다. 이와타 중위에 대해서는 세날링 마을 주민의 학살은 혐의가 입증되었으나 파릿팅기에 대해서는 실행자가 밝혀지지 않은 상태로 책임을 억지로 떠맡고 말았다. 조장의 경우, 중대장의 측근으로서의 책임을 졌다고 말할 수밖에 없다.

주민 약 370명이 학살당한 숭가이리(Sungei Lui) 마을의 경우(이 경우만 1942년 8월에 발생한 사건), 제7중대 하시모토 다다시(橋本忠) 소대장이 기소되어 사형에 처해졌다. 법정에서는 살아남은 주민뿐 아니라 일본군과 동행한 경찰관들이 증언하여 남자들을 끈으로 묶은 다음 총검으로 찔러 죽였고, 여성이나 아이들은 기관총으로 쏴 죽인 상황이 상세히 밝혀졌다.

위롱롱(Yu Long Long, 余朗朗) 마을에서는 1천 명 가까운 주민이 살해당했고 마을은 불탔다. 이 학살은 제2대대장 대리 니시하라 도이치(西原登一) 대위의 휘하 제6중대장 사에기 다다시(佐伯正) 대위가 현장에서 지휘했다. 집결한 주민을 제8중대가 감시했고 처형은 제5중대와 제6중대, 기관총중대가 맡았다. 관계자 중 니시하라 대대장 대리와 사에키

제6중대장은 전사했고 제5중대장은 당시 부상을 입었기에 숙청에는 참가하지 않았기 때문에 제8중대장이었던 요코코지 기요미(橫小路喜代美) 중위만이 기소되었다. 그가 제8중대장의 입장에서 학살의 경위를 말함으로써 여성이나 아이까지 살해당한 사실이 밝혀졌다. 그는 12년 금고형을 선고받았다.

요코코지 중위가 학살 규모에 비해 가벼운 형을 받게 된 것은 피고의 중대가 보조 임무를 담당했기에 학살 자체에는 관여하지 않았고, 전범재판에서는 드물게 현지 중국계 여성과 경찰관이 피고를 변호해 주었다는 점 때문이다. 그들은 피고가 담당 지역에서 헌병대로부터 사람들을 지켰다고 증언했다. 덧붙이자면 내가 그 지역을 돌았을 때에도 당시 일을 아는 사람들로부터 피고가 주민을 헌병이나 다른 일본군으로부터 지켜준 은인이라며 감사해 하는 말을 들었다. 법정에서도 피고는 자기 동생뻘인 소녀가 죽임을 당하기 위해 끌려 나오는 모습을 보고 불쌍했다는 심정을 고백하였기에 그러한 피고의 인품이 지역 사람들에게 확실히 전해졌다고 말할 수 있을 것이다. 그 결과 '귀신 스미스'라 불렸던 엄격한 재판관이 이 사건을 맡았음에도 비교적 가벼운 형으로 끝났다.

그 외에도 말레이 반도 각지에서 수많은 집단 학살 사건이 발생했지만 재판받은 사례는 한 줌에 지나지 않았다(졸저 『화교 학살(華僑虐殺)』을 참조하시길 바란다).

## 주민 집단 학살 - 버마의 사례

일본군이 버마에서 저지른 대규모 집단 학살로 카라곤 마을에서 약 600명의 주민(인도인)을 학살한 사건이 있는데 랑군의 영국재판에 기소되었다. 여기서는 제33사단 보병 제215연대의 제3대대장 이치가와 기요요시(市川淸義) 소좌를 포함해 대대 관계자 8명과 헌병 6명이 기소되었고 대대장과 처형을 맡은 3명의 중대장이 사형, 4명이 무죄, 7명이 5년에서 10년의 금고형을 선고받았다. 법정에서 카라곤 마을에서 있었던 일이 꽤 자세하게 밝혀졌다.

하지만 문제는 대대가 사단장의 명령에 따라 카라곤 마을에 출동했느냐는 점이었다. 제33사단은 버마에서 영국군에 무장해제 되었는데 대대장 일행이 전범으로 지명되어 소환당할 때 사단장에게 작별 인사를 하러 갔다. 연대 전우회가 편찬한 전사에 따르면 그때 다나카 노부오(田中信男) 사단장은 "너희가 한 일은 모두 스스로 책임을 져라. 절대로 윗사람에게 누를 끼치면 안 된다."라며 매우 험악한 기세로 위협했다고 한다. 쓰카다 미사오(柄田節) 연대장도 사단장에게 폐를 끼치지 말라고 대대장 일행에게 주의를 주었다. 상관들은 이렇게 대대장 이하의 부하에게 책임을 떠넘기고 본인들은 발뺌했다. 다만 연대장은 처음엔 자기 책임을 부정했으나 나중에 태도를 바꾸어 법정, 그리고 감형 탄원서에도 본인이 주민을 죽이라고 명령했으며 모든 책임이 자신에게 있음을 인정하고 대대장 등의 감형을 탄원했다. 하지만 사단장은 끝까지 모른 척했다. 이 연대의 전사를 읽으면 사단장에 대한 부대원의 강렬한 원한이 느껴진다(졸저 『재판받은 전쟁범죄』).

연대장이 법정에서도 자신의 책임을 인정했음에도 대대장 이하 부하가 유죄를 선고받았을 뿐 수사 당국도 더 이상 추궁하지 않았다. 대대장 등이 유죄가 된 점이 타당하다고 해도 사단장이나 연대장을 기소하지 않았다는 사실을 반추하면 현장에만 책임을 떠넘긴 것이라는 인상을 벗을 수 없다.

다만 이러한 집단학살 사례는 대체로 현장의 하급 장교가 기소되었으며 심하게는 기껏해야 하사관까지였고 병장 이하 병사가 기소된 일은 거의 없었다. 명령을 따라 부대로서 행동할 때의 병사를 재판하는 일은 거의 없었다고 할 수 있다. 병사가 재판을 받은 경우는 폭행이나 강간 같은 병사 개인의 책임이 문제가 되는 행위를 했을 때였다.

이러한 주민 대량 학살 사건은 중국이나 필리핀에서도 흔하게 일어났으며 많은 주민이 희생되었다. 죽은 사람 이외에도 많은 이가 부상을 당하고 집을 잃었다. 하지만 책임자가 밝혀져서 체포되어 재판을 받은 사례는 빙산의 일각에 불과했다.

## 헌병이 저지른 학대, 고문

앞서 많은 헌병이 재판을 받은 사실을 소개했다. 헌병대 전우회인 헌우회(憲友會)가 편찬한 『일본헌병정사(日本憲兵正史)』를 보면 「헌병의 자기비판」이라는 제목 아래 이렇게 서술되어 있다.

> 헌병이 받은 전범재판 대다수는 간첩 검거, 원주민 중 항일, 반역분자를 검거할 때 저지른 고문, 학살 혐의가 대부분이었다. 장교 중에서는 헌병 분대장 또는 특고과장 등에 봉직했기 때문에 감독 책임을 물어 중형에 처해진 자가 많다. 이러한 장교 중에도 이민족에 대한 우월감이나 약간의 고문은 당연하다며 방임, 또는 묵인하고 적절한 지도와 감시를 소홀히 한 자가 없다고 할 수 없다(중략). 헌병 하사관과 병사도 (중략) 공적을 세우기 위해 무리하게 조사를 하거나 혹은 졸렬하게 조사를 했기 때문에 고문이 있었다면 스스로 전범이 되는 길을 고른 셈이다. (중략) 하급 헌병이라 할지라도 스스로 반성해야 할 것이다.

살짝 자기 변호식의 변명이지만 전쟁범죄를 추궁받을 만한 고문이 적지 않았음을 제대로 인정하고 반성하는 점에서 전우회가 만든 책치고는 양심적인 서술이다. 일본 국내에서도 특고경찰은 군부나 정부, 그리고 전쟁을 비판하는 사람을 체포하여 철저하게 고문하여 많은 이를 죽였다. 헌병의 고문은 그러한 체질이 한층 극단화한 사례였다고 말할 수 있을 것이다.

대부분 하사관이나 병급의 헌병이 고문을 담당했다. 또한 헌병은 일정 기간 동안 현지에 근무하고 또 많은 이를 체포하고 고문하므로 얼굴이나 이름(별명도 포함해서)을 익히기 쉽다. 당연히 전범이 될 확률도 높다. 개개인을 대상으로 한 고문은 장교들의 묵인 아래 벌어진다고 할 수 있겠지만 고문 혹은 고문해서 죽이라는 명확한 명령이 있지 않았기에 그러한 행위는 고문을 실행하는 헌병 개인의 책임이라 간주된다. 헌병이 체포한 사람을 몰래 집단 처형하는 경우, 당연히 헌병대장(분대장) 같은 장교의 명령에 따른다고 간주하지만, 보통 학대나 학대치사는 오로지 고문을 맡은 하사관에게 책임이 있다고 간주했다.

헌병의 경우, 원래 장교의 수가 적은 점이 있지만 부대가 저지른 집단학살 이상으로 하사관급이 재판받은 사례가 많았다.

### 재판에 협력하는 주민

그런데 주민을 상대로 한 이러한 범죄의 수사와 기소에는 당연히 주민의 협력이 필요하다. 피해자나 목격자의 고발, 증언 수집, 선서진술서 작살, 법정 증언 등 수사 당국과 현지 주민의 관계가 중요하다.

당국은 잔악 행위의 책임자를 재판하여 처벌하는 정책을 내놓음으로써 민중이 스스로 보복하는 상황을 억제하려고 했다(중국의 인민재판을 제외하고). 법에 따른 재판은 무엇보다도 당사자의 보복을 멈추도록 작용한다. 우리는 전범재판이 민중의 분노를 수사에 협력하는 방향으로 유도하여 직접 보복을 억제했다는 사실을 눈여겨볼 필요가 있을 것이다.

한편 민중이 수사에 직접 협력했음에도 재판에 회부조차 되지 않은 잔악 행위들이 많았고, 싱가포르 화교 숙청 사건처럼 적어도 수천 명이 학살당한 사건에서 단 두 명만이 책임자로서 사형되는 등 합당한 처벌이라고 보기 어려운 결과가 나오기도 했다. 이로 인해 민중들에게 어느 정도 불만이 남게 되었다는 사실도 인식할 필요가 있다. 피해자(와 관계자)의 입장에서 보면, 대부분의 재판은 책임자나 실행자가 제대로 처벌받지 않은 채 끝났다.

나는 말레이 반도 각지를 방문하여 일본군이 저지른 집단학살에서 가까스로 살아남은 사람들을 인터뷰했는데 가해자는 대부분 재판을 받지 않았다. 또한 증언을 해 준 사람은 누구나 일본으로부터 사죄를 받거나 배상을 받지도 않았고 일본인에게 체험을 말한 일도 거의 없는 상태로 전후 수십 년을 보내 왔다. 그러한 사람들이 받은 심신의 상처는 아직 치유받지 못한 채로 방치되어 왔다. 전범재판과 정부 사이의 배상을 통해 일본이 잔악 행위를 이미 속죄했다고 생각하는 일본인과 피해자의 사이에는 너무 깊고도 넓은 틈이 있다.

## 2. 포로 범죄

### 많은 포로가 희생되다

아시아태평양전쟁에서 약 35만 명의 연합군 장병이 일본군의 포로가 되었다. 그중 29만 명이 개전 후 6개월 안에 붙잡혔다. 이 중 약 15만 명이 영국, 미국, 네덜란드, 호주, 뉴질랜드, 캐나다 본국의 군 장병이었고 나머지는 인도인이나 필리핀인 등 식민지군 장병이었으나 일본에 협력을 선서하고 석방되어 일본군이 편성한 인도국민군에 편입되거나 일본군의 노동력으로 배속되어 태평양의 여러 섬에 보내졌다. 개중에는 싱가포르에서 붙잡힌 말레이인이나 중국인 포로처럼 일본군에 협력을 거부했다가 처형된 자도 있었다.

중국에서도 오랜 전쟁 속에서 포로가 대량으로 발생했을 텐데 일본군은 중국에서는 포로의 존재 자체를 인정하지 않았으며 포로수용소도 만들지 않았다. 일본군에 붙잡힌 중국군 장병은 바로 처형되거나 노동자로 혹사당한 뒤 죽임을 당하거나 석방되었다. 하나오카 광산에서 강제 노동을 당한 중국인 대부분은 이러한 포로였다. 여기서는 일본군의 포로가 된 서구 본국군의 장병의 사례를 다루겠다.

일본은 대량의 포로를 현지 포로수용소뿐 아니라 일본 본토, 조선, 대만, 상해 등지에 있는 포로수용소에 보냈다. 수송선으로 이동할 때 열대 지방임에도 선창에 빼곡하게 실려 이송 중 많은 이가 희생되었다.

포로를 이송하는 과정에서 1만 수천 명이 사망한 필리핀의 '바탄 죽음의 행진'이 특히 유명하다. 이는 1942년 4월 바탄반도에서 포로가 된 미군과 필리핀군 장병 합게 7만 6천 명을 무더위 속에서 100km 이상 걷게 한 일로, 수개월에 달한 전투로 인해 쌓여있던 피로에 굶주림과 질병, 일본군의 폭행까지 겹쳐지면서 많은 희생자가 발생한 사건이다.

일본은 포로의 '무위도식'을 허락하지 않는다는 방침으로 각지에서 포로를 강제 노동에 종사시켰다. 매우 부족한 식량이나 의료품, 열악한 생활환경, 감시원이 일상에서 저지르는 폭행, 혹독한 강제 노동 속에서 많은 포로가 사망했다. 각국의 포로 단체가 조사한 바로는 상기 6개국의 포로 14만 8,711명 중 4만 2,467명, 28.5%가 사망했다. 나치 독일의 포로가 된 미국, 영국군 장병의 사망률이 7%, 시베리아에 억류된 일본군의 사망률이 약 10%인 사실과 비교해도 매우 높다(유이 다이자부로·고스게 노부코(油井大三郎·小管信子), 『연합국 포로 학대와 전후 책임(連合国捕虜虐待と戦後責任)』). 다만 독일은 소련, 동유럽 등의 포로를 대량으로 처형하거나 강제 노동이나 굶주림 등으로 죽였기 때문에 그러한 사례를 포함하면 사망률은 껑충 뛰어오르지만 미국, 영국의 포로는 비교적 사람다운 대접을 받았기 때문에 서방이 봤을 때 독일과의 차이가 눈에 띄었다.

전쟁 중부터 다양한 루트를 통해 포로가 학대받고 있다는 정보를 얻은 연합국은 일본에 거듭 항의했다. 포츠담선언에서도 "우리 포로를 학대한 자를 포함한 모든 전쟁범죄인을 엄중 처벌할 것이다."라며 포로 학대를 명시하고 책임자 처벌을 선언했다.

덧붙이자면 포로뿐만 아니라 민간 억류자 또한 학대를 당했다는 사실을 잊으면 안 된다. 일본은 동남아시아나 홍콩, 상해 등의 점령지에서 서방 민간인을 다수 억류했으며 일본군이 학살한 서구인도 적지 않았다. 앞서 보았듯 특히 네덜란드재판에서 민간인 억류자 학대를 재판했다.


## 타이-버마철도 건설 중 발생한 피해

포로 학대는 수용소 내부만의 문제라기보다 강제 노동에 따른 결과라고 할 수 있다. 미국의 요코하마재판, 영국의 싱가포르, 홍콩재판, 호주재판은 그러한 사례를 다수 다루었는데 특히 타이-버마철도 건설에 관한 사례를 많이 재판했다.

타이-버마철도는 타이의 논프라독에서 버마의 탄뷰자야까지 415km를 잇는 철도로 대본영의 명령에 따라 겨우 1년 남짓한 기간 동안 강행 공사를 하여 완성했다. 열대 산악지대 정글에서의 작업은 그 자체만으로도 매우 고될 수밖에 없는데, 포로들은 숙소도 열악한 데다가 식품과 의료품마저 부족한 상황 속에서 일본군으로부터의 수차례 폭행을 당하며 강제 노동을 수행해야 했고 그로 인해 많은 희생이 따랐다. 타이-버마철도 건설에 끌려나온 연합군 포로 약 6만 1,800명 중 약 1만 2,300명, 아시아인 노동자 약 20만 명 중 4만 2천 명(일본 측 추정), 혹은 7만 4천 명(영국 추정)이 사망했다. 정말로 "죽음의 철도"로 일본군의 포로 학대 중에서도 매우 비인도적인 사례로 알려져 있다.

이 타이-버마철도에 관한 각국의 자료에 따르면 영국재판에서 24건 67명, 호주재판에서 26건 62명이 기소되었다. 양국의 재판은 모두 싱가포르에서 열렸기에 양자의 숫자는 일부 중복되었다고 생각한다. 일본 측 자료에서는 120명이 기소되어 111명이 유죄 판결을 받았는데 32명이 사형이었다. 이 중에 사형 선고를 포함해 조선인 군속 33명이 있다. 타이-버마철도 건설에는 주로 싱가포르에서 잡힌 영연방군 장병을 동원했기 때문에 양국이 재판을 진행했다.

재판을 받은 포로를 보면 남방군 야전철도사령관 이시다 에이구마(石田英熊, 패전 당시 중장)가 최고 계급인데 철도대 관계자가 15명(사형 2명)으로 적은 데 반해 타이포로수용소 관계자 66명(사형 25명) 등 수용소 관계자가 과반수를 차지한 데다가 사형을 받은 경우가 많았다. 사형에 처해진 조선인 군속은 모두 타이포로수용소 소속이었다(우쓰미 아이코, 『조선인 BC급 전범 기록(朝鮮人BC級戦犯の記録)』). 포로수용소에 포로의 숫자를 할당하여 강제 노동을 시킨 것은 철도대였으나 그보다도 포로를 노동에 내본 측인 포로수용소 관계자가 많이 재판을 받았다. 사형에 처해진 것도 수용소 관계자가 압도적이었다.

문제는 타이-버마철도 건설을 명령한 대본영이나 남방총군 사령부 관계자는 아무도 재판받지 않았다는 사실이다. 대본영이나 남방총군이 건설과 포로 투입을 결정했으며 도중에 완성 기일을 앞당겨 작업을 서두르게 했다. 그러한 명령을 받은 철도대는 포로수용소에 가능한 많은 포로를 노동에 내보내도록 독촉했기 때문에 수용소에서는 질병이나 쇠약해진 포로까지 노동에 내몰았다. 감시원들은 포로들을 일본군 내에서 항상 자행되던 구타로 복종시키려고 했는데 신체가 약한 포로에게 심신에 치명적인 타격을 주었다. 당연히 포로들의 원한은 폭력을 직접 행사한 자를 향했다. 결국 일본군 중에서 가장 발언력이 없는 수용소장이나 분소장 이하의 관계자가 재판받았다.

도쿄재판에서 도조 히데키 육군대신과 기무라 헤이타로(木村兵太郎) 육군차관이 교수형에 처해진 사유에 타이-버마철도 건설이 포함되어 있는데 실제로 계획을 세우고 실시를 명령한 자는 처벌받지 않았다. 하급 병사를 보면 영국재판에서는 타이-버마철도 건설에 관해 기소된 병사는 7명, 그중 사형은 1명(병장)뿐이다. 이는 포로 학대뿐 아니라 인도인과 버마인 소녀를 강간한 혐의도 합쳐서 유죄가 된 사례였다.

타이-버마철도를 건설할 때 가장 오지에서 작업을 맡아 포로 약 7천 명 중 3천 명 이상이 사망한 최대의 희생을 낸 곳이 F포스(F Force), 즉 송쿠라이 캠프(Camp Songkurai, 말레이포로수용소 제4분소)였다. 영국재판에서는 관계자 7명을 기소하고 4명에게 사형 판결을 내렸지만 재심에서 "피고들의 책임 범위 밖의 요인 때문에" 대부분의 포로가 사망했다는 이유로 4명 모두 금고형으로 감형되었다. 재판하는 측도 현장에서 어떻게 할 수 없는 상황을 만든 자의 책임을 인식했다고 할 수 있겠지만 진정 책임이 있는 상급자들은 대부분 재판을 받지 않고 끝났다.

## 포로 강제 노동과 기업

일본 국내 등에 있던 포로수용소를 다룬 요코하마재판에서도 수용소장이나 분소장, 혹은 포로를 직접 폭행한 감시원이나 헌병이 재판을 받은 사례가 많다. 요코하마재판에서 내지 포로수용소와 관계된 일로 재판을 받은 것은 총 222건, 475명이었는데 여기에는 포로에게 강제 노동을 시킨 민간 기업 사원 38명도 포함됐다(이와카와 다카시, 『외딴 섬의 흙이 될지라도』).

포로 학대라고 하면 수용소 감시원이나 헌병이 재판을 받았다는 인상을 받지만 하나오카 사건과 마찬가지로 실은 포로를 노동력으로 이용한 기업 관계자도 적지 않았다. 관련된 주요 기업의 이름을 여럿 들자면 스미토모벳코동광산, 미쓰비시오사리자와광산, 센다이고사카광산, 도키와탄광, 우베탄광, 일본강관가와사키, 시바우라전기, 일본제철후타세광업소, 일본제철하코다테, 니가타철공소, 가시마구미, 아사노시멘트, 니가타해육운송, 오사카축항, 닛쓰스미타가와지점 등 광산, 군수공장, 운수업 관계 기업이며 이러한 기업이 포로를 노동력으로 이용했음을 알 수 있다.

여기서도 현장의 말단 관리직과 현장 직원만 재판을 받았고 군과 결탁하여 포로를 받아 강제 노동을 시키기로 결정한 기업 경영자들은 전혀 재판받지 않았다. 전범재판이 이러한 비인도 행위를 통해 이익을 본 기업 경영진을 전혀 재판하려고 하지 않은 점은 큰 문제였다고 할 수 있다. 이 점은 철강업의 크룹(Krupp)이나 화학콘체른인 파르벤(I.G.Farben)

같이 대기업 간부가 일부라도 재판을 받은 독일재판과는 다르다. 게다가 조선인 강제 노동을 전혀 재판하지 않은 점도 큰 문제이다.

　강제 노동을 시킨 기업의 책임을 본격 추궁한 것은 1990년대 들어서부터이며 2000년 11월 겨우 하나오카 사건에 관해 충분하지는 않아도 가시마건설(鹿島建設)과 피고자 사이에 화해가 성립하여 가시마가 5억 엔을 기금으로 갹출하기로 결정했다. 그 뒤 중국인 강제 노동에 대해서는 기업의 책임을 인정하는 판결이 잇따르고 있으나(모두 계쟁 중) 그 이외의 강제 노동에 대해서는 아직도 기업의 책임을 추궁하지 않는 상태이다.

　그런데 포로에게 뜸을 놓은 사실이 학대로 취급받았다거나, 식량으로 우엉을 제공한 것이 '나무뿌리를 먹이려고 했다'는 것으로 오인받아 학대 취급을 받았다는 예를 지적하며 '일본과 서구의 문화 차이 때문에 벌어진 사소한 오해까지 학대로 곡해했으니 전범재판은 부당하다.'라고 주장하는 경우가 있다. 그러나 뜸을 다룬 재판 기록을 분석한 연구를 살펴보면, 군사위원회는 뜸이 일반적인 치료 행위임을 인정하면서도 재판에 회부된 것이 '포로에게 치료 행위임을 설명하지 않아 화상을 입힌 경우'임을 감안해 학대를 인정했을 것이라는 해석이 등장한다. 게다가 뜸을 거부한 포로를 군홧발로 차는 등 폭행한 정황도 있기에 '문화 차이로 인해 일반적인 처사가 학대로 곡해되었다'는 설명은 너무 단순하고 일면적인 표현이라고 봐야 할 것이다(요코하마변호사협회(横浜弁護士会), 『법정의 성조기(法廷の星条旗)』).

또한 따귀를 때리는 등 사적 제재는 일본군 안에서는 아주 흔했기에 당연히 조선인 군속도 평소부터 일본군에게 뺨을 맞았다. 그러니까 따귀를 때리는 등 사적 제재를 하는 것은 학대가 아니라거나, 이것을 학대 혐의로 재판하는 것이 이상하다는 주장도 있다. 그러나 일본군 내부에서도 공식적으로는 사적 제재를 엄격히 금지했음을 우선적으로 지적해두겠다. 설령 일본군 내에서 사적 제재를 용인했다고 치더라도, 타국 국민을 상대로 일본의 방식을 강요하면 당연히 문제가 된다는 것을 염두에 두어야 할 것이다.


## 처형당한 B29 탑승원

1942년 4월 둘리틀 폭격대가 도쿄를 공습한 사건을 계기로 일본군은 무차별폭격을 한 자를 처벌하기 위한 공습군율의 시범안을 7월에 작성하여 각 작전군에 제정을 지시했다. 또한 전시국제법을 위반하고 공습을 한 탑승원을 재판하도록 통달했다. 그러자 지나파견군이나 본토의 방위총사령부 등이 공습군율을 제정했다.

군율회의(군사법정)란 군이 군율이라는 법률을 제정하여 적국민이나 점령지 주민의 '전지(戰地)중범죄'를 심판하기 위한 군사재판이다. 점령지 주민의 적대 행위나 적국이 저지른 전쟁범죄를 군율회의에서 심판할 수 있었다. 따라서 일본군의 군인, 군속을 심판하는 군법회의와 전혀 달랐다.

전범재판에서는 군율회의에서 사형 판결을 내리고 군사령관이 승인한 다음 탑승원을 처형한 사례와 군사령관 등의 판단으로 군율회의에 회부하지 않고 처형한 사례를 심판했다. 전자에서도 군율에 따라 처형(보통은 총살)한 경우와 군율에 따르지 않고 참수하거나 총검으로 찌르는 방법으로 처형한 경우가 있다(이하 요코하마변호사협회, 『법정의 성조기』).

전자의 대표로 1945년 5월 14일 나고야를 공습하다 격추된 B29 등의 탑승원 11명을 군율회의에 회부해서 사형 판결을 내리고, 참수한 도카이(東海) 군관구의 사례가 있다(덧붙이자면 이해 본토결전을 준비하기 위해 본토를 8개의 군관구로 나누었다). 요코하마재판에서 이 군율회의의 검찰관이었던 이토 노부오(伊藤信男) 법무소좌와 판사장 마쓰오 가이지(松尾快治) 소좌, 판사 2명(재판장과 배석 판사에 해당한다) 합계 4명이 기소되었다. 이것은 군율회의라는 재판을 심판하기 위한 재판이었다. 변호사 측은 탑승원 11명이 포로가 아니라 전쟁범죄인이며 공습군율은 국제법을 위반하지 않기 때문에 전쟁 법규와 관례를 위반하지 않았다고 주장했다. 하지만 판결은 이토에게 교수형(나중에 종신형으로 감형), 판사 3명에게 15년에서 20년의 중노동이 언도되었다. 덧붙이자면 이 사건에서 미군을 처형한 자들은 기소되지 않았다. 둘리틀 공습에 관해 상해재판에서 심판을 받은 제13군 사령관의 사례도 여기에 해당한다.

마찬가지로 요코하마재판에서 다룬 도카이 군관구 사령관 오카다 다스쿠(岡田資) 중장 등의 경우는 포로를 군율회의에 회부하지 않고 처형한 사례이다. 5월 15일 나고야 공습에 이어 5월 하순까지 1개월 정도 사이에 도카이군관구에서 27명의 미군기 탑승원이 붙잡혔다. 이 27명을 몇 차례로 나누어 목을 베어 처형한 혐의로 오카다 사령관 이하 20명이 기소되었다. 법무부의 인원이 부족하여 여유가 없었기 때문에 무차별폭격을 했음이 명백한 자는 군율회의에 회부하지 않고 처형했다. 판결에서는 오카다 사령관만 교수형에 처해졌고 참모 등 장교는 종신형부터 15년, 처형을 실행한 하사관과 병사 13명은 10년의 중노동에 처해졌다. 다만 하사관과 병사 13명은 복역을 면제받았기 때문에 바로 석방되었다. 즉 명령을 따라 포로를 처형한 하사관 이하는 형식상 유죄지만 실제로는 무죄와 같은 취급을 받았다.

똑같은 사례로 중부군관구의 중부헌병대가 1945년 7월 5일부터 8월 15일까지 합계 44명의 탑승원을 군율회의에 회부하지 않고 총살, 참수, 독살 같은 방법으로 처형한 사건의 재판이 있다. 여기서는 헌병 사령관(헌병대 전체의 사령관에 해당한다) 오키도 산지(大城戶三治) 중장, 중부헌병대 사령관 나가토모 쓰기오(長友次男) 소장, 중부군관구 사령관 우치야마 에이타로(內山英太郎) 중장 등 27명이 기소되었다. 이 재판에서 사형은 없었으며 전원 종신형 이하에 그쳤다. 또한 명령을 따라 처형을 실행한 자 중에서 정규 처형 방법인 총살에 관여한 준위 이하 10명은 무죄 판결을 받았다. 전체적으로 보면 매우 가벼운 판결이었다.

다만 한편으로 약 33명의 포로를 군율회의에 회부하지 않고 처형한 서부군관구의 사례에서 군사령관 요코야마 이사무(橫山勇) 중장을 포함한 32명이 기소되어 요코야마를 비롯해 참모부장, 법무부장 등 9

명이 사형 판결을 받았다. 그중에는 처형에 참가한 3명의 장교도 포함되었다. 판결이 엄중한 이유로 가라테(空手)나 화살로 죽이려고 했으나 잘 되지 않아 참수하는 등 살해 방법이 잔인했고 8월 15일 옥음방송(玉音放送) 뒤 지금까지 있었던 포로 처형을 은폐하기 위해 나머지 17명을 처형했기 때문이 아니었을까 생각한다. 다만 모두 종신형으로 감형되었기에 실제로 처형된 자는 없었다. 이 재판에서는 명령을 받아 처형을 집행한 자에게도 엄중한 판결을 내렸으나 기소된 것은 장교뿐이었고 하사관 이하는 기소되지도 않았다. 그러한 점에서도 명령을 받아 실행한 행위에 대해서는 하사관 이하는 죄를 면했다고 할 수 있을 것이다.

그런데 미군이 도시를 상대로 한 무차별폭격은 전쟁범죄이다. 그러한 전쟁범죄의 실행자를 처벌한 일본의 군율회의는 전범재판이라고 할 수 있을 것이다. 그러니까 일본 측이 군율회의를 열어 재판했다는 사실 자체를 미국이 전범재판에 회부해 심판하는 것은 부당하다고 해야 한다. 미군도 그러한 사실을 알았던지 군율회의 자체를 문제 삼기보다는 증거 위조나 부정한 절차를 문제로 삼았다. 또한 일본군의 군율회의가 국제법에 비추어 타당했는가(예를 들어 군율재판 내에 변호사가 없다는 점은 부당하다고 볼 수 있다)는 확실히 지적해야 할 문제다.

동시에 우리는 일본군의 중경폭격 같은 무차별폭격이 전범재판에서 심판받지 않은 사실을 잊지 말아야 한다. 또한 오카다 다스쿠 군사령관은 법정에서 미군의 무차별폭격을 국제법 위반이라고 비판하고

탑승원을 처형한 책임을 혼자서 짊어진 장군으로 높은 평가를 받는데, 그는 보병여단장 시절인 1938년에 중국에서 독가스를 실행하고 상부에 그 효과를 높이 평가하는 보고를 올렸다. 무차별폭격을 비판하면서 본인은 중국을 상대로 독가스전을 수행하면서 반성하려고 하지 않았다. 이러한 이중 잣대를 놓쳐서는 안 된다(요시미 요시아키(吉見義明), 『독가스전과 일본군(毒ガス戰と日本軍)』).

중국은 1937년부터 1938년까지 국제연맹에서 일본군이 남경에 무차별폭격을 한 사실을 비난했기에 일본군의 중경폭격 같은 무차별폭격을 왜 재판하려고 하지 않았는지 잘 알 수 없으나, 어쨌든 무차별폭격은 연합군과 일본군을 불문하고 모두 재판받지 않고 끝났다. 지금 미국이 세계 각지에서 공급을 반복하고 일본 정부가 그것을 지지하고 있음을 생각하면 이때 처벌하지 않고 끝난 사실이 끼치는 악영향이 매우 크다고 말할 수 있지 않을까?

# 3. 소녀를 대상으로 한 범죄

## 일본군 '위안부' 강제 사건

앞서 소개했듯이 '강간'과 "강제 매춘을 위한 부녀자 납치"는 통상 전쟁범죄로 인식했다. 우선 후자부터 보자.

일본군 '위안부' 제도는 '성 노예제'이자 "인도에 대한 죄"에 해당한다고 말할 수 있는데 당시 사람들이 이해한 바대로 표현하자면 '강제 매춘'이었다. 이러한 용의를 심판한 재판은 네덜란드의 바타비아재판에서 기소한 스마랑위안소의 사례와 미 해군의 괌이 대표적이다.

스마랑 사건이란 1944년 자바섬의 스마랑(Sumarang)에서 현지에 억류된 네덜란드인 여성 등 약 35명(17~18세부터 20대)을 선별하여 강제로 '위안부'로 만든 사건인데, 차후 이 '위안 시설'은 억류자가 수용소를 시찰하러 온 육군성 사무관에게 피해 사실을 고발하여 2개월 뒤, 상급 사령부의 명령을 받아 폐쇄되었다. 이 사건으로 인해 총 2건, 13명이 기소되었고 위안소 개설 책임자였던 오카다 게이지(岡田慶治) 소좌가 사형, 나머지 장교 6명과 위안소 업자가 2년에서 20년의 금고형을 선고받았다(엄밀히 말해서 "강제 매춘을 위한 부녀자 납치" 또는 '강제 매춘'으로 9명이 유죄를 선고받았다).

그 외에 '강제 매춘'과 관련해서 재판을 받은 사례는 바타비아재판에서는 바타비아의 위안소 사쿠라클럽(桜俱楽部)의 경영자 1명(10년 형), 동자바의 젬베르(Jember) 헌병대의 대위 1명(다른 용의도 있어서 사형 판결을 받았다가 도망 중 사살됨), 폰티아낙재판에서 해군 제22특별근거지대의 대위 이하 13명(불법 체포와 학대, 살육죄도 합쳐서 전원 유죄, 그중 7명이 사형), 발릭파판재판에서 위안소 경영자 이시바시상회(石橋商会) 소속 민간인 1명(무죄)이 있다. 스마랑의 사례와 합쳐 29명이 기소되었다(표 2-2에서는 30건). 또한 네덜란드 자료에 근거를 두고 세면 합계 34명이 위안소 관계로 재판받은 데이터도 있다(우쓰미 아이코, 「가해와 피해」). 1994년 네덜란드 정부의 조사에 따르면 적어도 200~300명의 유럽인 여성이 '위안부'가 되었다고 한다(『계간 전쟁 책임 연구(季刊戦争責任研究)』, 제3·4호).

전쟁 중 네덜란드는 호주에 군 첩보 기관을 두고 뉴기니 등에서 연합군에 붙잡힌 인도네시아인 병보(兵補) 등을 심문하여 네덜란드령 동인도제도의 정보를 수집했다. 그중에서 네덜란드는 그 외에도 수많은 이러한 '강제 매춘'의 사례를 파악했다. 네덜란드인 같이 유럽인 여성뿐 아니라 자바섬의 바타비아(Batavia), 말랑(Malang), 마겔랑(Magelang), 나아가 할마헬라(Halmahera) 같은 섬들에 자바의 여성들을 보냈으며 보르네오나 발리, 암본, 셀레베스, 수마트라 등지에서도 인도네시아 여성이 다수 '위안부'가 된 정보도 수집했다.

발릭파판에서 인도네시아 여성을 위안부로 만든 건이 기소되었으나 무죄 판결을 받았다. 네덜란드재판에서는 인도네시아인 여성이 피해자가 된 사례는 이것뿐이며 끝내 네덜란드인 여성의 피해만 재판하고 끝났다. 덧붙이자면 자바에서 각지의 섬에 끌려가 위안부가 된 여성들 대부분이 고향에 돌아가지 못한 채로 버려진 사실이 일본에 소개

된 것은 아주 최근의 일이다(프라무댜(プラムディヤ), 『일본군이 버린 소녀들(日本軍に棄てられた少女たち)』).

또 하나는 미 해군의 괌재판이다. 1945년 7월 28일 개정하여 종전을 사이에 끼고 8월 27일 판결을 내린 재판에서는 전쟁 전부터 괌에 이주하여 장사를 하던 일본 민간인이 기소되었다. 11개의 기소 사유 중 2건이 괌 여성을 매춘 목적으로 각각 불법 연행한 혐의로 둘 다 유죄였지만, 나중에 한 건은 무죄를 선고받았다. 괌에서 오랫동안 사업을 해 온 피고는 일본군이 섬을 점령한 뒤, 괌군정의 책임자인 민정부장과 부관을 위한 집과 애인을 알선했다. 몇 명의 여성이 애인으로 끌려왔으나 17세 소녀의 사례만 기소했다. 피고는 그 소녀를 데리고 갈 때 거부하면 가족이 죽는다고 부모를 협박했다. 또 다른 건은 한 여성을 장교용 위안소에서 일하도록 협박한 사례이다. 두 개의 소인 중 전자는 정확히 말해서 '애인 강제 사건'이라 할 수 있다. 이 '애인 강제'는 법적으로 사실 인정을 받았고 혐의 사실 자체가 부정되지도 않았으나, 군사위원회가 괌 형법을 잘못 적용한 탓에 재심에서 무죄를 선고받았다. 유죄가 확정된 것은 후자인 "의사에 반해 또 동의 없이 매춘 목적으로 불법 연행했다."라는 혐의였다. 미 해군 수사보고서에서는 그 외에도 피해를 입은 여성 다수의 정보를 입수했지만 이 두 건만이 기소되었을 뿐이었다(졸저 「괌에서 재판된 미 해군의 전쟁범죄」).

그 외에 중국재판에서 강제 매춘 3건과 부녀자 납치 1건을 다뤘을 뿐이다.

호주의 전쟁범죄 수사원으로서 도쿄의 GHQ에서 수사를 맡은 고드윈 대위(James Gowing Godwin, 뉴질랜드인)는 '성 노예 산업'인 일본군 '위안부'라는 "심각한 문제"에 대해 수사원 사이에서도 논의가 있었지만 GHQ 상층부의 압력으로 수사를 멈추었다고 기록했다(제임스 맥케이(James Mackay), 상층부의 배반(Betroyal in HIgh Places)). 연합군은 일본군 '위안부' 제도 때문에 많은 여성이 희생된 사실을 알면서 거의 재판하려고 하지 않았다. '위안부' 제도 자체는 심판받지 않은 채로 끝났다고 말할 수 있다.

## 강제 매춘에서 성 노예제로

연합군 전쟁범죄위원회 극동태평양소위원회가 작성한 전범 명단에서 합계 144명이 강간 등의 용의로 올라와 있다(모두 중국이 제출했다). 다만 대부분 살인이나 고문 등의 혐의와 함께 오른 형태이다(우쓰미 아이코, 「전시 성폭력과 도쿄재판(戰時性暴力と東京裁判)」, VAWW.NET Japan편編, 『전범재판과 성폭력(戰犯裁判と性暴力)』에 수록).

중국재판에서는 강간 혐의로 재판받은 자는 49명, 강제 매춘 3명, 부녀자 납치 1명이다(법무성 자료). 여성을 유괴하여 강간하면서 끌고 다닌 헌병 군조, 외설 행위와 폭행, 약탈을 자행한 헌병상등병 같은 사례부터 부하의 살인, 강간 책임을 추궁받은 사단장(중장) 계급에 이르기까지 다양하다.

하지만 대부분의 강간 사건은 기소되지 않고 끝났다. 큰 사건으로는 버마의 남산(Nahmsan) 지방의 어떤 마을에서 일본군이 75명의 여성을 집단 강간한 사건이 있다. 영국이 이 사건을 추궁하여 14세나 18세의 피해자 등으로부터 증언을 모았지만 기소하지 않았는데 수사도 하지 않은 사례는 무수할 것이다.

전체적으로 강간은 일련의 잔악 행위의 하나로서 용의에 포함은 했어도 독립된 소인이 되는 일은 거의 없었다. 강간 같은 성폭력은 전쟁범죄가 되었지만 그것은 헤이그지상전규칙 제46조의 '집안의 명예'를 침해하는 행위로 인식하는 데 그쳤으며 여성의 인권을 침해하는 국제범죄라는 인식이 부족했다고 말할 수밖에 없다.

전시 성폭력은 전후 50년 남짓한 시간이 지난 1998년, 국제형사재판소 규정에서 "강간, 성 노예, 강제 매춘, 강제 임신, 강제 피임 조치 또는 동등한 중대성을 가진 다른 형태의 성폭력"을 전쟁범죄와 인도에 대한 죄 양자 유형에 추가하는 것으로 채택하면서 비로소 다뤄지기 시작했다. 그리고 유엔안전보장이사회는 2000년 10월 31일 전시성폭력 등에 관한 18개 항목의 결의안을 채택했다. 그중 제11항에서 "모든 국가는 제노사이드(대량 학살), 인도에 대한 죄, 그 외 여성과 소녀를 대상으로 한 성적 가해 및 폭력을 포함한 전쟁범죄의 책임자에 대한 불처벌을 중단하고 기소할 책임이 있음을 강조한다. 또한 이러한 범죄를 사면 규정에서 제외할 필요성을 강조한다."라고 말했다. 전시 성폭력을 재판하지 않은 사실을 비판하고 그러한 범죄를 재판해야 함을 국제적으로 확인했다.

이 결의가 채택된 직후인 2000년 12월에 있었던 <일본군 성 노예제를 심판하는 여성국제전범법정>에서 일본군 '위안부' 제도는 "인도에 대한 죄로서 강간과 성 노예제"로 인정되었다. 이제야 일본군 '위안부' 제도 자체를 심판한 셈이다. 그 배경에는 1990년대를 통틀어 유엔인권위원회에서 있었던 논의의 발전이 있었다. 여성국제전범법정의 판결에서는 연합국이 일본군 성 노예제를 기소하지 않은 사실은 "생존자들을 침묵시키고 능욕하고, 그들의 치유를 방해하는 용서하기 어려운 역할을 했다.", "그 태만은 특별히 비난받아야 한다."라며 연합국을 엄중히 비판했다(VAWW.NET Japan, 『여성 국제 전범재판의 전체 기록Ⅱ(女性国際戰

犯裁判の全記録Ⅱ)』). 전범재판을 실시한 자는 일부 서기나 통역을 제외하고 어떠한 권한이 있는 자 모두가 남자였다. 전쟁의 승자든 패자든 남자들만이 대표했다. 승자와 패자의 차이 이상으로 남성과 여자 사이의 단절은 컸다.

제5장
재판한 자와 재판받은 자

# 제5장
# 재판한 자와 재판받은 자

이번 장에서는 BC급 전범재판의 몇 가지 측면을 다룬다. 일본이 저지른 전쟁범죄를 재판했다고는 하나 식민지를 가진 대일본제국이었던 당시에 재판을 받은 이는 좁은 의미에서 말하는 '일본인'만이 아니었다. 재판받은 범죄는 거의 일부였을 뿐이며 재판받지 않은 경우도 많다. 또한 재판한 이들에게 문제가 없었는가 하면 결코 그렇지 않았다. 법정 안팎을 봄으로써 전범재판이란 무엇이었는지를 더욱 깊이 이해할 수 있을 것이다.

# 1. 일본군이 이용하고 버린 전범들

## 조선인과 대만인

전범재판에서 심판을 받은 조선인은 148명(사형 23명), 대만인은 173명(사형 21명)에 달한다(표 5-1). 이것은 전체 전범의 5.6%, 유죄 판결을 받은 전범 중에서는 7.2%에 해당한다. 조선인 중에서 군인은 3명, 그중한 명은 필리핀 포로수용소 소장이었던 홍사익(洪思翊) 중장이었다. 그외에 통역이 16명(중국재판), 나머지는 모두 포로수용소 감시원으로서타이나 자바, 말레이의 수용소에 배속된 군속이었으며 타이-버마철도관계자만 해도 35명(그중 사형 9명)이다. 이 감시원들은 영국재판과 네덜란드재판에서 심판을 받은 자가 많다. 대만인의 경우, 일본군이나 군정부의 통역, 혹은 보르네오 포로수용소의 감시원이었던 자가 많다. 보르네오의 사례는 호주재판에서 심판을 받았고, 통역은 영국과 중국의재판을 받는 이가 많았다. 전범이 된 통역 중에는 헌병대 등에서 통역으로 일하면서 체포된 자 등을 폭행한 용의자가 많았다.

일본군은 아시아태평양전쟁의 서전에서 영국, 미국, 네덜란드 등많은 포로를 사로잡았는데 조선인이나 대만인의 "서구 숭배 관념을씻어내"고 일본의 힘을 보여주는 '사상 선전 공작'에 이용하기 위하여서구인 포로를 조선이나 대만의 포로수용소에 보냈다. 동시에 그러한포로를 감시하는 데 조선인이나 대만인을 활용하고자 조선에서는 약3천 명의 청년을 모집하여 군사훈련을 시킨 다음 1942년 8월부터 동남아시아 각지의 포로수용소에 보냈다. 대만인은 주로 보르네오에 보냈다. 그들은 군인 정신을 주입받고 일본군 내부에서 항상 있었던 따귀 때리기 같은 폭력을 날마다 당하면서 수용소에서는 포로와 직접 접하는 역할을 맡았다. 물론 포로를 인도적으로 다뤄야 한다는 제네바조약 같은 전시국제법은 전혀 배우지 못했다. 군속이란 병 이하의 존재였으며 상관의 명령에 절대 복종하도록 주입 교육을 받았다.

[표 5-1] 조선인과 대만인 전범

|  | 미국 | 영국 | 호주 | 네덜란드 | 프랑스 | 필리핀 | 중국 | 합계 |
|---|---|---|---|---|---|---|---|---|
| 전범 수 | 1,453 | 978 | 949 | 1,038 | 230 | 169 | 883 | 5,700 |
| 조선인 | 3 | 56 | 5 | 68 | 0 | 0 | 16 | 148 |
| 대만인 | 4 | 26 | 95 | 7 | 0 | 0 | 41 | 173 |

출전: 우쓰미 아이코, 『조선인 BC급 전범의 기록』 152쪽

주) 영국의 재판 기록에 따르면 영국재판에서 조선인 49명, 대만인 23명(실제 22명)이 재판을 받았다. 이 표에서는 싱가포르에서 치러진 호주재판에서 재판받은 자가 영국 측 숫자에 포함되지 않았을까 생각한다. 상세한 내용은 졸저 『재판받은 전쟁범죄』를 참조.

감시원들은 포로를 강제 노역에 내모는 역할을 맡았으며 종종 구타 같은 폭력을 휘둘렀다. 포로가 규칙을 위반했을 때 상관에게 보고하고 정식으로 처벌하기보다는 따위를 때리고 끝내는 것이 온정이라고 생각하기도 했다. 하지만 영양 불량과 강제 노동, 말라리아 같은 질병으로 약해진 포로들에게 그러한 폭행은 그들의 목숨을 앗아가는 경우도 많았기에 직접 폭력을 행사하는 감시원은 증오의 대상이었다(우쓰미 아이코, 『조선인 BC급 전범의 기록』, 우쓰미 아이코 외, 『사형대에서 바라본 두 나라(死刑台から見えた二つの国)』). 조선인과 대만인 감시원은 일본의 황민화 교육과 군국주

의 훈련의 산물이었으나 본인들은 그 폭력성을 자각하지 못한 채로 포로들을 대했다.

하지만 그러한 조선인과 대만인이 많이 재판을 받은 사실은 "일본의 전쟁 책임을 대신 졌다"고 말할 수밖에 없다. 그저 상관의 명령을 따랐다고만 말할 수 없는 폭행이나 학대의 사실을 보면 그것이 일본군 안에서는 일상다반사였다고는 하나 개인에게 책임이 없다고 딱 잘라 말할 수 있을까? 조선인 전범 중에는 책임을 져야 할 상급자(일본인) 대신 자신들이 전범으로 책임을 진 부당성을 호소하면서도 포로들에게는 자기들도 "가해자"였음을 인정하고 사죄하려는 사람도 있다(우쓰미 아이코 외, 『버마철도와 일본의 전쟁 책임(泰緬鉄道と日本の戦争責任)』).

그런데 더 큰 문제는 1952년 일본이 독립을 회복했을 때 일본 정부가 일방적으로 조선인의 일본 국적을 박탈했음에도 복역 중인 조선인 전범은 선고 당시에는 일본인이었다는 이유로 계속 형을 집행하면서도 이제 일본인이 아니라는 이유로 군인은급(軍人恩給) 같은 원호 제공을 거부했다. 전범이 아니더라도 조선인이나 대만인 군인, 군속은 마찬가지로 차별을 받았고 원호 대상에서 제외되었다. 전쟁 당시에는 일본인이라면서 전쟁에 내몰았으면서 전쟁이 끝나니 일본인이 아니라며 원호를 거부하고, 전범으로서의 죄만은 강압하는 비열하다고 말할 수밖에 없는 정책을 취한 것이다.

그 뒤 오랫동안 이어진 보상 청구 운동이나 재판 투쟁이 있었음에도 일부 인사에게 약간의 조의금을 지불했을 뿐, 일본인과 같은 대접을 거부하는 이러한 차별은 지금도 이어지고 있다.


## 사이판인과 로타인

미 해군의 괌재판에서 1945년 2월부터 10월까지 사이판인 12명, 로타인 2명이 재판을 받았다. 그들은 일본군이 괌을 점령했을 때 같은 차모로(마리아나 제도의 원주민)라 말이 통한다는 이유로 경찰관이나 통역으로 현지에 와서 군정을 담당했다. 그러한 직무 때문에 당연히 괌 주민과 접할 기회가 많았다. 그들은 살인이나 폭행, 구타 같은 용의로 기소되었으나 개중에는 강간을 의도한 폭력, 남자에게 구강 성교를 강요했다는 '성적 도착' 용의로 기소된 자도 있다. 상기 14명은 전원 유죄 판결을 받았으며 그중 4명은 사형이었다. 4명 모두 재심에서 사형이 확정되었으나 해군장관이 전원 종신형(그중 2명은 또 45년의 중노동)으로 감형했으므로 실제 사형된 이는 없었다.

이 중 사이판인과 로타인 전범에 대해서는 법무성 자료를 포함해 일본의 어느 문헌에서도 전혀 언급하지 않는다. 일본의 기록에서 모든 것을 말소한 것이다. 일본은 사이판이나 로타에서도 황민화 교육을 추진하여 일본 국적이 아니었음에도 '일본인'으로 전쟁에 동원했다. 특히 괌점령 행정의 말단 요원으로 이용하면서 전후에는 전범으로 재판을 받더라도 그 존재마저 무시하고 역사에서 지워버렸다.

## 윌타, 니브흐

일본군이 이용하고 버린 것은 윌타나 니브흐도 마찬가지였다. 전쟁 전에 사할린(일본은 가라후토(樺太)라 불렀다)은 북위 50도 기준 북쪽이 소련, 남쪽이 일본의 영토였다. 사할린 남부에는 윌타, 니부히(기리야크) 같은 사람들이 살았다. 육군 특무기관은 그 청년들을 소집하여 일본군으로 훈련한 다음, 국경지대에서 소련을 상대로 한 첩보 모략 활동에 이용했다.

그렇기 때문에 그들은 전후 소련에 체포되어 전범이자 간첩 용의로 재판을 받았다. 윌타인 겐다누(일본 이름은 기타가와 겐타로(北川源太郎))는 중노동 8년형을 선고받고 시베리아에 보내졌다. 소련의 전범이 된 북방의 소수 민족은 수십 명으로 보인다. 겐다누의 경우, 고향인 사할린 남부가 소련의 영토가 되었기 때문에 일본에 '귀국'했다. 그 뒤 그는 일본 정부에 군인은급을 청구했으나 일본 정부는 그들에게 호적이 없었으며 정규 소집영장을 받지 않았다는 이유로 일본 군인이었던 사실마저도 인정하지 않았고, 물론 은급 지급도 거부했다. 즉 현지 특무기관이 멋대로 한 짓이었기에 일본 정부는 모른다는 것이었다. 겐다누를 지원하는 모임이 결성되었고 그를 소집한 특무기관장이나 훈련을 담당한 군인들의 증명서를 제출했으나 정부는 계속 부인했고 겐다누는 1984년 사망했다.

전쟁 전 일본은 현지에 '토인교육소'를 만들어 윌타나 니브흐 청년들에게 황민화 교육을 시키고 일본 이름으로 바꾸게 했으며 일본 군인

으로 훈련하고 간접 활동을 시켰다. 그들이 전범이 된 가장 큰 이유가 바로 그것이었다. 그런데도 정규 소집영장이 아니라는 이유로 모른 척 한 것이다(겐다누·다나카 료(ケンダ—ヌ·田中了), 『겐다누(ケンダ—ヌ)』).

대일본제국은 영토 확장과 함께 지배한 사람들을 '일본인'이라는 이유로 황민화 교육을 하고 전쟁에 동원했으면서 전쟁에서 패배하여 영토가 줄어들자 일본이 아닌 지역의 사람들—조선인, 대만인, 사이판 인, 로타인, 윌타, 니브흐 등—을 '일본인'이 아니라는 이유로 버렸다(겐 다누는 일본 국적이었지만). '일본인' 전범 중에는 전범재판에서 변호 제공이 나 고향에 남긴 가족에 대한 지원, 나아가 군인은급 지급 같이 충분하 다고는 할 수 없어도 다양한 케어를 받았다. 이러한 차별을 계속해온 것은 전후 '일본인'이므로, 현재를 살고 있는 '일본인'에게도 해결해야 할 책임이 있을 것이다.

## 2. 범죄 은폐 공작

### 증거 인멸

일본은 포츠담선언을 수락하기로 결정한 직후부터 공문서를 불태우기 시작했다. 각지에 주둔한 군에도 기밀문서를 불태우라는 명령을 내렸으며 육군 중앙부가 있던 이치가야다이(市ヶ谷台)에서는 8월 14일부터 소각을 시작했다. 경찰을 보유하던 내무성이나 외무성에서도 똑같은 통달을 내렸기에 중요한 공문서가 소실되었다. 이렇게 공문서를 불태운 목적 중에는 전범 추궁을 모면하려는 의도도 있었다. 일부 기밀문서는 관계자가 몰래 빼돌려 집이나 다른 곳에 숨긴 경우도 있었으나 전범 추궁에 이용되지 않도록 비밀로 삼았다.

이렇게 증거를 인멸한 뒤 전국 규모로 사실을 은폐하거나 왜곡한 보고서를 작성하거나 위장 공작을 해서 속이려고 했다.

미군기 탑승원을 군법회의 절차 없이 처형한 중부군관구의 사례(제4장 2절)를 보면, 중부군관구 사령부와 중부헌병대가 44명의 처형 사실을 숨기기 위해 '붙잡은 자는 14명'이라고 속이고 묘비까지 만든 정황이 드러난다. 탑승원을 붙잡은 헌병대나 경찰이 비밀 유지가 어려울 것이라고 반대하자 그들은 공작을 멈추고 탑승원들이 병이나 원폭, 혹은 수송 중 격침으로 인해 사망했다는 식의 위장을 꾀했는데, 잘 진행되지 않아 결국 공작을 포기했다(요코하마변호사협회, 『법정의 성조기』). 이시가키섬 사건에서도 위장 공작을 했다는 사실은 이미 서장에서 소개했다.

중국인 강제 노동 문제에 대해서도 그들을 부린 토목건설업 단체인 일본건설공업통제조합 내부에 화선노무대책위원회를 설치하여 하나오카 사건이 전범으로 추궁당할 가능성을 우려했고, 그 외에 중국인 학대 문제가 확산되지 않게 대처하려고 했다. 업계는 책임을 회피하는 데 분주하는 한편 정부와 교섭하여 중국인 '이입'에 따른 기업의 '손실'에 대해 보상금을 받기까지 했다.

GHQ와 중국 측이 일본 정부에 중국인 노동자에 대한 보고를 요구하자 1946년 외무성은 사망 원인을 조작하여 '혹사'당한 사실을 알 수 없게 각색한 보고서를 작성했다. 화선노무대책위원회와 외무성은 뒤에서 연결되었다는 지적이 있다(스기하라 토오루(杉原達), 『중국인 강제 노동(中国人强制労働)』). 그 뒤 외무성은 이 보고서를 "전범 문제 자료"로 사용할지도 모른다는 이유로 태웠다고 대답했으나 1990년대 들어 도쿄화교총회가 은밀히 보관한 사실이 겨우 밝혀졌다(NHK 취재반(NHK取材班), 『환상의 외무성 보고서(幻の外務省報告書)』).

추크섬[1]에서 미군 포로를 살해한 혐의로 31명(일본 기록에는 29명)이 기소되어 재판받은 사례가 있다(괌재판). 추크섬에서 일본해군부대의 항복을 받은 미 해병대가 일본군 장병을 심문했는데 포로에 대한 범죄 정보를 전혀 얻지 못했다. 그래서 해병대의 한국계 병사를 밤마다 조선인 노무자 캠프에 보내어 그들과 친해질 즈음 일본군이 포로를 처형한 정보를 간신히 얻었다. 전쟁이 끝났을 때 일본군은 조선인 노동자들을

---

1  역자주) 1990년까지는 트럭이라고 불렀지만, 현재는 추크라고 부른다.

모아 미군에게 말하지 말라고 입막음했기 때문에 그들은 두려워서 말할 수 없었다. 그것이 실마리가 되어 제4근거지대 사령관(중장) 이하의 31명이 기소되었다.

중부 태평양의 웨이크섬에서는 약 100명의 미군 포로를 해안에서 총살한 사건에 대해 현지 해군경비대는 포로 반절은 폭격을 받아 사망했고 나머지 반은 공습 당시 무기를 빼앗아 도주를 시도했으나 끝내 투항을 거부하고 죽었다는 이야기를 꾸며냈다. 이것도 거짓임이 밝혀져 경비대 사령 등 3명이 재판을 받았다(미 해군 보고서). 이 사례들은 수사당국이 위장 공작임을 알아차리고 재판한 건이지만 알아차리지 못한 사례가 훨씬 많을 것이다.


## 사실 왜곡

일본군이 사실을 왜곡한 결과 책임이 없는 자에게 죄를 뒤집어씌운 셈인 경우도 적지 않았다. 예를 들어 인도양의 카르니코바르(Car Nicobar)섬에서 약 90명의 주민을 간첩 혐의로 군율회의에 회부하지 않고 참살한 사건이 있다. 총으로 일제 사격한 뒤 총검으로 찔러 죽이거나 참수한 뒤 군의관이 장기를 적출하는 등 비참한 학살이었다(기무라 코이치로(木村宏一郎), 『잊혀진 전쟁 책임(忘れられた戦争責任)』). 그런데 일본군(독립혼성제36여단)은 전범 추궁을 모면하기 위해 재판에 회부한 다음 처형했다는 이야기를 만들었다. 그리고 구덩이에 묻은 시체를 다시 꺼내어 한

명씩 무덤을 만들고 정중히 기린 듯 가장했다.

영국의 싱가포르재판에서 이 사건을 다루어 여단장 이쓰키 도시오(齋俊男) 소장뿐 아니라 기무라 히사오(木村久夫) 상등병과 2명의 통역(한 명은 대만인)을 포함해 6명이 사형을 선고받았다(유죄 15명, 무죄 1명). 영국 군 사법정은 일본군이 재판하고 처형했다는 각본은 인정했지만 고문을 통해 거짓 자백을 강요하거나 죽게 만들어 간첩 사건을 꾸며내어 불법 재판과 판결에 따라 많은 도민을 살해했다는 이유로 유죄 판결을 내렸다. 기무라 등 조사 담당자가 폭행을 저질러 도민을 죽이게 한 다음 허위 자백을 이끌어 내어 간첩 사건을 만들어내는 데 중요한 역할을 맡았다고 판단하여 사형에 처한 것이다. 일본군의 거짓말을 간파하지 못한 영국재판은 사실을 오인했다고 말할 수 있겠으나 그렇게 유도하는 것이 일본군의 목적이었기에 그 결과 학살 계획을 세우고 실행한 상급 간부들은 여단장 등 일부를 제외하고 나머지는 추궁을 피했으며 하급 병사나 통역 등이 책임을 진 셈이었다.

사실 왜곡을 추궁하지 않은 채로 끝난 경우도 적지 않다고 보인다. 그 예로 티모르 동쪽에 있는 바바르(Babar)섬에서 발생한 주민 학살 사건이 있다. 이 사건은 1944년 10월부터 11월까지 있었던 사건인데 일본군 촉탁이 촌장을 때리자 분노한 주민이 그 촉탁을 나이프로 찔러 죽인 다음 일본군의 감시소를 습격했다. 일본군이 토벌하러 오자 주민은 산으로 도망쳤으나 일본군의 호소에 응하여 산에서 내려왔다. 그런데 그 촌민 약 400명 내지 700명이 총살당하고 말았다.

전후 전범으로 추궁을 당할까 봐 두려워한 일본군은 귀순한 주민을 그 자리에서 총살했다는 관계자의 보고를 왜곡하여 주민이 계획적으로 봉기했으며 많은 주민이 전투에 휘말려 희생된 것처럼 보고서를 꾸며냈다. 이 사건은 결국 전범재판에 회부되지 않은 채로 끝났다. 그 왜곡의 경위를 알 수 있는 일련의 문서가 밝혀진 것은 1980년대의 일이었다(다케토미 토미오 편저(武富登美男編), 『바발섬 관련 서류(バパル島関係書類)』).

　문서를 왜곡한 사례로 싱가포르 화교 숙청 사건의 관계자 가와무라 사부로 소장의 일기 문제가 있다. 전범 대책을 맡은 포로관계조사중앙위원회는 이 사건의 보고서를 작성했는데, 그중에 끼어있던 가와무라 일기의 발췌본이 도쿄재판에도 증거서류로 제출되었다. 이 일기의 원본은 내가 영국에서 발견했다. 발췌본에서 일본군이 점령한 직후 싱가포르의 치안이 악화된 것처럼 기록하였기에 숙청을 정당화하는 구실로 이용되었으나 원본을 보니 그러한 기술은 전혀 없었으며 오히려 치안이 좋아진 상황이 기록되어 있었다. 즉 위원회는 화교 숙청을 정당화하기 위해 가와무라 일기를 왜곡한 것이다(졸저 『재판받은 전쟁범죄』).

　이렇게 사실이나 문서 자체를 왜곡하는 데 그치지 않고 카라곤 사건처럼 상급자가 하급자에게 책임을 뒤집어씌우는 사례도 적지 않았다. 대부분 하급자, 요령이 나쁜 자가 손해를 보았다. 그러한 사실을 꿰뚫어 보지 못한 검찰이나 법정에도 책임이 있다고 할 수 있겠으나 전범재판은 엉성했다고 일본인이 비판하는 것만으로 끝날 문제가 아닐 것이다.

## 법정에서의 변명

그런데 중국의 남경재판에서 이른바 '백 명 베기'를 벌였다는 이유로 노다 쓰요시(野田毅) 소위와 무카이 도시아키(向井敏明) 소위가 기소되어 둘 다 사형에 처해진 사례가 있다. 1937년 11월부터 남경으로 진군하는 도중에 두 소위가 중국인을 일본도로 베어 죽이는 경쟁을 하여 둘 다 백 명 이상을 죽인 사실을 신문이 선전했다. 두 사람은 기사가 창작이라고 변명했으나 인정되지 않았다. 이 사건에 대해 두 소위와 같은 부대 소속이었던 병사가 수기에 노다 소위로부터 "저기 있는 지나(支那)인을 끌고 와라."라는 명령을 듣고 그 중국인을 끌고 오니 소위가 "살려 달라"고 애원하는 "저항하지 않는 농민"의 목을 벤 사실을 기록했다(모치즈키 고사부로(望月五三郎), 『나의 지나사변(私の支那事変)』). 그 이외에도 본인 스스로가 담화나 강연에서 백 명을 베었다고 선전했음을 보여주는 신문 기사도 많이 발굴되었다(『중귀련(中帰連)』 제30호).

전범재판에 대한 일본의 주장은 피고의 변명을 무조건 믿고 피해자나 검찰, 법정의 증언이나 판결을 거짓이라거나 과장이라고 규정하고 부정하는 경우가 많다. 범죄 용의자로서 조사를 받거나 기소된 자가 죄를 모면하려고 거짓말을 하거나 사실을 왜곡하려는 모습은 종종 볼 수 있다. 물론 개중에는 억울한 사람도 있을 것이며 사실을 말하는 경우도 있겠지만 다양한 증언이나 증거에 비추어 피고의 말을 검증해야 한다. 그런데 전범재판에 대해서는 갑자기 그러한 절차를 잊고 '일본인'의 변명에만 귀를 기울이는 경향이 있다.

예를 들어 주민을 죽였다고 인정한 경우라도 게릴라나 그 협력자를 죽였다며 정당화하려는 경우도 적지 않게 보인다. 그러한 논리는 예를 들어 이라크를 점령한 미군이 죽이는 것은 모두 '무장 세력'이라고 규정하거나 그렇게 자신을 납득하게 하여 정당화한다. 침략자는 항상 이러한 논리를 구사한다. 피해자는 잔악 행위 자체뿐 아니라 가해자가 반성도 사죄도 하지 않기 때문에 몇 겹으로 상처를 입고 고통을 받는다. 그러한 피해자의 괴로움과 아픔을 이해할 수 있는지가 전범재판을 바라보는 시선과 이어져 있을 것이다.

## 3. 재판받지 않은 자

### 일부만 재판받았다

전범으로 기소된 일본인은 조선인과 대만인을 포함해서 약 5,700 명이다. 패전 때 해외에 있던 일본군은 약 350만 명이며 국내를 포함하면 총병력 826만 명이었다.

중국만 해도 1931년부터 13여 년에 걸친 전쟁 중 1천만 명 이상이 죽었고 부상자나 집을 잃은 사람은 부지기수이다. 그런데도 중국재판에서 기소된 자는 중화인민공화국재판을 포함해도 900명 정도에 불과하며 대부분의 잔악 행위는 재판받지 않고 끝났다고 해도 과언이 아니다. 수많은 주민을 학살한 사건이나 학대, 고문 같은 인적 피해의 사례에 대해서 그러했을 뿐 아니라 재산 소각이나 약탈 같은 물적 피해에 대한 범인은 대부분 재판받지 않은 상태였다. 또 앞서 보았듯 강간이나 일본군 '위안부'가 되라는 강요, 혹은 산서성에서 일본군이 여성을 감금하고 여러 차례 강간한 사례는 '전혀'라고 수식해도 과언이 아닐 정도로 재판받지 않았다. 재판받은 전범은 잔악 행위 중에서 빙산의 일각에 불가하다는 사실을 우선 확인해야 한다.

가해자가 재판받지 않고 사죄도 보상도 받지 않고 계속 방치되었기 때문에 피해자가 받은 심신의 상처는 아물지 않았다. 또한 일본 정부나 일본 사회가 종종 일본의 행위를 정당화하고 잔악 행위가 있었던 사실 자체를 부정하려고 하는 태도는 피해자의 상처를 더욱 벌리는 행위에 불과하다. 압도적 다수의 잔악 행위가 재판받지 않은 사실이 그 뒤 큰 영향을 끼친 점도 볼 필요가 있을 것이다.

## 면죄받은 범죄

재판받지 않은 대표 사례로 세균전을 연구하고 수행한 비밀부대인 731부대를 들 수 있다. 여기에는 연합국, 특히 미국의 정치적 판단이 작용했다.

중국 각지에서 벌인 세균전을 비롯해 BC급 전범재판에서 다뤄야 할 범죄는 많았다. 독가스전에 대해서는 호주의 홍콩재판에서 청산가스를 이용한 인체 실험(피해자는 네덜란드와 호주군 포로)이 재판받은 사례, 보병연대장이 독가스를 사용한 사례(중국재판) 등이 있었을 뿐이며 그 외에 중화인민공화국재판에서 3명의 기소 사유에 포함된 수준이다. 장래 자국의 독가스 사용을 제한받고 싶지 않았던 미군은 아이젠하워 육군참모총장이 키넌 수석검찰관에게 도쿄재판에서 독가스 사용 기소를 중지하도록 요청했다(요시미 요시아키(吉見義明), 『독가스와 일본군(毒ガスと日本軍)』). 독가스전이 재판받지 않은 데에는 이러한 미군의 의사가 작용했다고 할 수 있을 것이다.

일본의 식민지 민중에 대한 잔악 행위도 전혀 재판받지 않았다. 중국인 강제 노동은 일부만이 재판받았으나 조선인에 대한 사례는 전혀 재판받지 않았다. 노동자로 강제 연맹, 강제 노동이나 일본군 '위안부'

징집을 포함해서 조선인이 처한 상황에 대해서도 당연히 정보가 들어왔을 것이다. 이러한 사례를 다룬다면 미국재판에서 그렇게 했어야 하지만 미군에는 그러한 문제의식이 전혀 없었다고 말할 수밖에 없다. 미군의 전범 수사 기록을 보면 조선에 대한 미군의 관심이 약하다는 사실을 느낄 수 있다. 반대로 미군은 강제 연행 등 일본의 식민지 통치에 협력한 대일 협력자를 군정을 위해 활용하고 나중에 친미 정권의 실권자로 만드는 방법을 선택했다. 그 점도 생각하면 조선에서 비인도 행위를 재판하려고 하지 않은 사실이 전후 한국의 비틀린 모습을 만든 원인이었다고 말할 수 있을 것이다. 대만에서도 마찬가지라서 대만인을 전범으로 재판해도 대만인의 피해를 다루려고 하지 않았다.

앞서 말했듯 성폭력은 거의 재판받지 않았다. 강간을 여성 인권을 침해하는 행위로 보는 생각은 없었으며 또한 일본군 '위안부' 제도 자체를 전쟁범죄로 인식하지조차 않았다. 서구 여성이 강제로 '위안부'가 된 사례는 재판했어도 아시아태평양 지역의 주민이 유린당한 경우를 재판하는 일은 없었다.

## 재판받지 않은 자들

어떤 범죄가 재판에 회부되더라도, 이에 대한 피고 선정이 타당했느냐는 문제는 여전히 남는다. BC급 전범재판의 경우, 전체적으로 일부 상급 책임자가 재판을 받았다고는 하나 주요 책임 대부분을 현장 관계자에게 몰아줬다는 경향을 부정할 수는 없다. 실제로 전쟁 계획이나 작전명령을 세우고 전쟁을 지도한 대본영 참모나 참모본부·육군성의 간부들, 총군이나 방면군 등에서 실제로 병력을 움직인 군 참모들은 거의 재판받지 않았다. 중국인 강제 연행은 도조 내각이 각료회의를 통해 결정했고 차관회의를 통해 구체화했으나 도조 등 일부를 제외하고 당시 상공대신이었던 기시 노부스케(岸信介)를 비롯해서 아무도 처벌을 받지 않았다.

예를 들어 중국에 파병된 일본군에게는 식량을 보급하지 않고 현지 조달을 요구했는데, 이것은 일본군 부대가 식량을 찾아 마을에 침입해 약탈을 저지르고 저항하는 주민을 살해하거나 강간하는 등 잔악 행위를 자행한 원인 중 하나로 작동했다. 이러한 행위를 저지른 것은 물론 개개의 부대지만, 그 사태의 배경에는 작전 계획을 세우고 실행한 군 중앙이나 파견군 간부들이 있었다. 식량 보급 문제는 태평양의 섬에서 일본군 장병들이 다수 아사한 원인이기도 하다. 식량을 보급받지 못한 일본군은 주민이 있는 곳에서는 약탈을 저질렀으며, 그렇지 않은 곳에서는 굶어 죽을 수밖에 없었다. 중국에서도 굶주림과 영양실조로 많은 병사가 죽었다(후지와라 아키라(藤原彰), 『굶어 죽은 영혼들(飢死した英霊たち)』).

타이-버마철도에서도 무모한 철도 건설을 계획한 데다가 포로나 노무자를 투입하기로 결정하고, 나아가 건설 중 식량도 의료품도 제대로 공급하려고 하지 않은 대본영이나 남방총군 등의 간부들은 재판을 받지 않았으며 오로지 현지 간부나 말단 군속들이 재판받았다. 또한 포로나 중국인, 조선인을 부린 기업 경영자들도 전혀 재판받지 않았다. 포로나 중국인을 학대한 책임은 전부 현장에 돌려졌다.

구 일본군 내부에서도 문제가 발생하면 사관학교 출신 장교는 죄를 추궁받지 않고 계속 영전했으며 하사관 출신 장교나 그 밑에 있는 자에게 책임을 떠넘기는 경우가 많았다.

그러한 문제가 있기 때문에 전범재판이 불공평하다는 평가가 나왔을 것이다. 동시에 이것은 형사재판이라는 방법이 갖는 한계일지도 모른다. 결국 개별의 범죄의 명령자와 실행자를 처벌하면 현장에 책임을 전가하기 쉽다. 군 내부의 명령은 문서로 명령한 기억이 없다고 부정하면 그것을 뒤집기는 어렵다. 지휘관으로서 책임을 물을 수는 있으나 그렇게 할 경우, 실제로 병력을 움직인 참모는 권한이 없다는 이유로 면죄를 받고 또 그 상급자까지 추궁하기는 어렵다. 반대로 현장에 있던 최상급자(대부분 대대장이나 중대장급)는 명령서의 존재 여부에 상관없이 잔악 행위의 현장 명령자임이 명백하기에 도망치기는 어려웠다. 이러한 문제는 전범재판뿐 아니라 일상생활에서 우리가 안고 있는 문제이기도 하지 않을까?

## 상관의 명령 문제

전범재판에 대한 비판으로 일본군에서는 상관의 명령은 "천황 폐하의 명령"이니 절대복종해야 했는데도 상관의 명령을 따르기만 한 자까지 엄중히 처벌했다는 주장이 있다.

하지만 매우 엄중한 재판이라고 하는 이시가키섬 사건에서도 단지 명령을 따랐다는 이유만으로 사형에 처해진 말단 병사는 없다. 병장 이하의 병사 중에서 기소된 사례는 군인 전범 전체의 거의 1할에 불과하다. 사형은 더욱 적어서 3% 정도 뿐이다(표 2-3). BC급 전범재판 전체에서 사형에 처해진 이등병은 없었으며 영국재판에서 사형에 처해진 일등병의 경우, 형무소의 수용자를 학대치사한 혐의를 물었지 명령을 따른 행위를 추궁하지는 않았다. 네덜란드, 호주, 프랑스재판에서 사형에 처해진 최하급자는 병장이며 상등병 이하의 병사는 없었다.

저자가 재판 기록을 상세하게 조사한 영국재판에서는 병장 이하의 계급으로 기소된 자는 육군 65명, 해군 2명으로 군인 전체에서 9%, 그중 사형 판결은 8명, 2명은 감형되었기 때문에 사형 집행 6명, 군인 전체의 사형 194명 중 3%에 불과하다. 그중에서 일등병 한 명이 최하급이다. 사형에서 감형된 2명은 상관의 명령을 따라 처형을 실행했을 뿐이라는 이유 때문이었다. 본인에게 자기 재량의 여지가 없으며 상관의 명령을 실행했을 뿐인 경우에 하급 병사를 사형에 처하지 않았다. 카카르니코바르 사건에서 기무라 히사오(木村久夫) 상등병은 사형을 선고받았으나 조사 과정에서 학대치사하고 또 거짓 자백을 받아낸 죄였다.

제1차 세계대전이 끝나고 연합국 내부에서 상관의 명령이라는 항변을 어찌 다루느냐는 문제를 논의했는데 "책임에 대한 1919년 위원회(일본도 참가)"는 상관의 명령 때문이라는 이유만으로 면책받을 수 없다는 의견을 보였다. 제2차 세계대전 중에도 다시 문제가 되었으나 연합국전쟁범죄위원회는 "상관의 명령을 따라 행동했다는 사실만으로는 전쟁범죄를 범한 자를 책임으로부터 면책할 수 없다는 견해"를 만장일치로 승인했다. 다만 그것을 정상참작의 이유로 어느 정도 고려하는지는 각국의 재판소에 맡기기로 했다.

영국과 미국은 명령에 책임이 있는 장교 혹은 지휘관만을 처벌했으며 명령을 따른 자는 처벌하지 않는다는 군 매뉴얼을 가졌다. 다른 연합국으로부터 이 점을 비판받자 1944년 두 나라도 매뉴얼을 개정하여 연합국전쟁범죄위원회의 견해에 맞췄다. 이 원칙은 훗날 뉘른베르크 재판과 도쿄재판의 근거가 되는 조례에도 명기하여 상관의 명령을 따랐다는 사실은 면책 이유가 되지 않으나 감형을 위해 고려할 수 있다고 규정했다.

이 원칙에서 말하자면 포로나 주민을 불법 집단 처형한 자는 명령자뿐 아니라 실행자까지 모두 기소해야 하는 셈이지만 실제로 말단 실행자까지 기소한 경우는 적었다. 이시가키섬 사건은 예외였다고 할 수 있다. 다만 기소한 경우, 무죄가 되지 않고 유기형을 받는 경우가 많았지만 사형은 피할 수 있었다. 하사관이나 병사가 사형에 처해진 사례는 대부분 개별 학대나 폭행을 저질렀다고 보는 경우였다(물론 사실인정의 착오나 사람을 잘못 보는 문제의 가능성은 있으나). 장교의 경우, 재량의 여지가 있었다고 보는 경우가 많으며 그 점은 하급 병사와 취급이 달랐다. 영국 재판을 보면 장교가 불법 명령에 이의를 제기했지만 거부된 뒤에 명령을 실행한 사실이 밝혀지자 정상참작되어 감형 사유가 되었다.

이렇듯 개별 사례를 상세하게 보면 명령을 따랐을 뿐인 하급 병사까지 엄중한 처벌을 받았다는 이해는 실상과 꽤 달랐음을 알 수 있다. 연합군도 군대였기에 하급자가 상관의 명령을 충실히 실행할 필요가 있었다. 그렇기 때문에 잔악 행위가 상급자의 명령을 집단 수행한 것일 경우, 명령자 혹은 그 하급 지휘관급까지만 기소하는 경우가 많았다. 다만 직접 처형을 지원하거나 그 과정에서 학대나 폭행 같이 개인이 잔악 행위를 했다고 판단한 경우는 별개였다.

다만 앞서 말했듯 명령자라고 해도 현장에 있던 자가 재판받는 경향이 있었으며 상급 명령자 혹은 명확하게 명령하지 않았다고 해도 그러한 상황에 몰린 상급자가 재판받지 않는 경향이 있었음은 부정할 수 없다. 현장에 있는 자가 학대 혹은 살해했다고 해도 조사 때 고문을 암시 혹은 묵인한 상급자들, 불법 살인을 당연하게 여기고 그러한 사실을 알면서도 부대를 파견한 상급자들의 책임을 묻지 않은 사실은 재판받은 자들에게 불공평하다는 감정을 남겼음은 사실일 것이다. 하지만 명령을 따른 자에게 책임이 없다는 논리를 파고들자면, 일본의 경우 상관의 명령을 천황의 명령으로 받아들였으므로 천황 이외에는 누구에게도 책임을 물을 수 없다. 그런데 그 천황의 책임을 일절 묻지 않기로 했다. 즉 아무도 책임을 지지 않는 시스템이었다. 정말로 무책임 체제였다. 이러한 시스템이야말로 문제로 삼아야 할 것이다.

게다가 피해자의 입장에서는 '아무리 명령이라도 어떻게 저런 잔혹한 행위를 하는가, 그런 짓을 하고도 인간인가'라는 것이 일반적인 반응일 수밖에 없다. 국가나 군의 상급자일수록 책임은 무겁다고 해도 그들의 지휘 아래 잔악 행위에 손을 댄 자의 책임도 면할 수 없다고 해야 할 것이다(다만 나는 하급자를 사형에 처하면 안 되었다고 생각하는 입장이다).

## 4. 재판한 자들의 문제

### 전범 학대

지금까지 BC급 전범재판의 문제점은 많이 지적되었다. 우선 재판 이전에 감시원이나 경비원이 구류 중인 전범 용의자를 폭행한 사실을 들 수 있다. 경비병들이 독방에 들어와 때리고 걸어차는 폭행을 하거나 무릎을 꿇리고 이마를 땅에 대게 하거나 팔짱을 끼고 엎드리게 하거나 쓰러질 때까지 구보를 시키고 늦게 달리는 자는 곤봉으로 때리는 등의 학대나 폭행이 벌어졌다. 이러한 이야기는 전범의 회고록에 꼭 등장한다.

일본 자료에 따르면 사형이 집행된 사형자 901명 이외에 미결과 기결을 합쳐 병사 86명, 사고사 19명, 자살 35명, 사망 원인 불명 13명, 합계 153명이 구류 중 사망했다(스가모유서편찬회, 『세기의 유서』). 이 중에는 전범 추궁을 피하기 위한 자살이나 꼭 학대가 원인이 아닌 병사나 사고사가 포함되었겠지만 학대나 폭행이 원인이 된 사례도 적지 않다고 본다. 대체로 종전 직후의 폭행이 심했던 듯하다. 그 이유로 전시 일본군에 대한 원한이 강렬했고, 특히 일본군의 포로였던 자가 경비병이나 감시원이 된 경우가 많았기 때문에 포로 시절의 한을 용의자에게 풀었던 점 등을 들 수 있다.

네덜란드령 보르네오의 반제르마이신재판에서 변호를 많은 일본인 변호사가 "전범 용의자 일동의 의뢰에 따라" 네덜란드로부터 받은

"말할 수 없는 비인도적 학대"에 대해 복원국에 보고했다. 보고서 속에는 "어느 날 전쟁 중 일본군에 살해된 자들의 공동묘지를 발굴하는 작업을 하러 갔을 때 20, 30명의 백골이 나왔다. 또 아직 백골이 되지 않아 살이 붙어 있는 유해도 있었는데, 그중에는 부녀자나 아이의 시신도 있었다. 이때 감시병들은 몽둥이로 닥치는 대로 우리를 때렸다."라고 진술되어 있었다(외무성 문서). 이 감시병의 폭행이 비판받아야 함은 말할 필요도 없으나 그러한 배경에 일본군이 저지른 잔악 행위가 있었다는 점을 냉정하게 평가하는 보고서이다.

이러한 폭행은 연합군에 대한 반발, 나아가 전범재판 자체에 대한 반발을 강하게 했을 뿐 전범 용의로 구류된 자들이 자기 행위를 돌아보고 반성하게 할 기회를 빼앗고 말았다. 영국은 유죄를 선고받고 복역 중인 전범과 가족이 주고받는 편지를 검열하여 전범의 의식을 분석했는데 가족에게 보내는 편지임을 고려해도 자기 행위를 반성한 자는 거의 없었다. 조선인 전범이 자기 잘못을 용서해 달라고 쓴 사례와 명령을 따라 포로를 처형한 전범이 "인도에 반하는 끔찍한 행위를 찌른 사실을 깨달았다."라고 말하며 "10년의 금고형을 치름으로써 상관의 명령을 따랐던 나의 약함을 속죄하고 싶다."라고 쓴 사례가 예외였다(영국군 잘). 전범을 인도적으로 다룬 중화인민공화국의 전범 중에 자기 잘못을 반성하는 자가 많이 나온 점과 대조를 이룬다.

연합군의 이러한 폭행은 용인할 수 없지만 그러한 행위에서 전쟁 전 일본의 특고경찰이 저지른 무시무시한 고문이 떠오른다. 질병 등이 원인인 옥사를 포함하면 합계 1,700명에 달한다(오비나타 스미오(大日方純夫), 「치안유지법과 국가 배상(治安維持法と国家賠償)」). 일본군 헌병이 저지른 고문의 희생자는 헤아릴 수 없다. 고문 때문에 사망함은 일상다반사였다고 할 수 있다. 일본인 전범에 대한 폭행을 생각할 때 일본군 헌병에게 고문을 당해 죽거나 부상을 입은 수많은 아시아 사람들, 마찬가지로 특고경찰에게 학대를 당한 일본과 조선, 대만 사람들도 생각해야 하지 않을까?

## 재판 자체의 문제

전범재판 자체에 대해서도 많은 문제가 있었다. 서장에서 열거했듯 재판 절차 자체에도, 또 운영에도 다양한 문제가 있었다.

대륙법에 익숙한 일본인 변호사가 영미법을 따른 재판의 변호 방식을 이해하고 변호 활동에 활용할 때까지 시간이 걸렸기에 초기 재판에서 피고에게 불리하게 작용한 사정도 있었다. 혹은 앞서 말했듯 상급자가 재판받지 않은 채로 하급자에게 책임을 묻는 경우도 있었으며 반대로 부하가 한 행위의 책임을 그 사실을 몰랐던 상급자가 지는 사례도 있었다. 많은 잔악 행위를 놓치거나 책임 있는 상급자가 증거불충분 등의 사유로 기소되지 않은 사실은 재판받은 전범 사이에서 자신은 운이 없었다는 불만과 불공평감을 남겼다. 더군다나 중대한 책임자가 전범 추궁을 잘 피해서 고향에서 편안하게 생활을 보내고 있으며 특히 연합군이 전범으로 처벌해야 할 인물이라도 이용할 수 있는 자는 기소하지 않고 이용한 점(예를 들어 쓰지 마사노부 참모나 731부대의 이시이 시로), 재판해야 할 전범을 자의로 결정한 사실은 그러한 불만을 한층 강하게 했다.

또한 연합군, 특히 미군이 저지른 잔악 행위를 비판함을 허용하지 않았고 그러한 행위를 전혀 재판하지 않은 점도 문제였다. 원폭 투하나 무차별 도시 폭격은 방치하고 반대로 그러한 무차별폭격을 재판한 일본의 군율회의를 불법이라는 이유로 재판했다. 평등하게 적용해야 할 국제법이나 정의는 일본인 대부분에게 단순한 승자의 자의로만 비쳤다.

연합국의 이러한 자세는 일본 측의 반발을 낳았다. 그렇기 때문에 전범재판은 전범 용의자, 나아가 일본인이 자신의 침략 전쟁과 비인도 행위를 냉정하게 생각하고 반성하는 계기가 되지 않았다. 그리고 일본 안에 그러한 전범재판의 부당성을 소리 높여 외침으로써 비인도 행위 자체를 부정하려는 경향도 발생했다. 그 사이에서 진짜 피해자들은 무시되었다.

일본군이 저지른 주민 학살에 대해 필리핀에서 관계자를 꼼꼼히 조사한 이시다 진타로(石田甚太郎) 씨의 책을 살펴보면, 필리핀의 전범재판이 엉망진창이라는 일본 군인의 변명에 대해 어떤 필리핀인이 "명령을 내린 상급자는 물론, 그 명령을 따른 일본인까지 전부 유죄야."라고 말하며 "고발된 학살 장소가 틀리다고 해도 다른 장소에서 필리핀인이 죽었다는 사실은 변함없는데 왜 일본인은 자기 죄를 인정하지 않는가? 그들의 불만은 필리핀인이나 전범재판이 아니라, 부당한 명령을 내렸던 일본군 장교들을 향해야 하는 것이 아닌가?"라고 엄중히 반론한 것이 소개되어 있다. 또한 다른 필리핀 사람은 "마닐라, 카란바, 산파블로나 리파 학살에서 무고한 남자, 여자와 아이들을 대량으로 죽이기 전에 조사를 했는가? 아니면 재판에 회부했는가? 필리핀인이라면 누구든 무차별 학살하면서도 용케도 그런 잠꼬대를 하는군."이라며 분노를 실어 말했다고 한다(이시다 진타로, 『죽고, 죽였다(殺した殺された)』).

전범재판에 문제가 있었음은 그 말대로지만 그것을 비판할 때에 일본군의 잔악 행위에 희생된 사람들, 그 때문에 생활과 그 후의 인생이 철저히 파괴된 사람들의 슬픔과 분노를 진지하게 받아들여야 할 것이다. 그렇지 않은 재판 비판은 아시아의 피해자에게 가해자의 책임 회피로만 받아들여질 것이다.


## 재판한 자들

전범재판에서 많은 일본인 변호사가 변호를 맡았다. 피고 대부분이 재판의 부당성을 주장하는 데 반해 이러한 변호사들의 전범재판에 대한 평가는—물론 비판도 많지만— 꽤 다르다. 이와카와 다카시 씨가 몇 명의 변호사를 취재하여 그들의 눈에 비친 전범재판에 대해 소개했는데(『외딴 섬의 흙이 될지라도』) 그 글을 보면 일본이 국제법을 무시하고 인명을 경시한 사실을 반성할 필요가 있으며 일본군이 저지른 행위를 "참회하는 마음"을 굳게 가져야 한다는 등 솔직하게 말한 변호사가 몇 명 있었다. 또한 연합국의 일본인 변호사에 대한 대접에 대해 피고와 같이 대우받은 사례와 꽤 정중한 대우를 받은 사례가 있었으며 재판 진행도 "어느 정도는 공평"하였다는 평가도 보인다. 검찰이 제시한 증거와 논리를 논리적으로 깨뜨리면 재판소는 받아들였다는 평가도 있다. 영국과 미국인 변호인이나 보좌관이 열심히 변호한 사례도 적지 않다.

만약 일본이 승리하여 전범재판을 열었다면 어떻게 되었을지 자문하는 변호사도 있다. 예를 들어 일본이 전시에 열었던 군율재판은 일종의 전범재판이라 할 수 있지만 그곳에서는 변호인을 인정하지 않았다. 이것은 재판으로서 중대한 결함일 것이다. 만약에 일본인이 변호인을 맡았다면 전범이 된 연합국 장병을 위해 얼마나 노력했을까? 혹은 일본인 재판관이 무죄 판결을 내릴 수 있었을까?

검찰의 주장을 인정하지 않고 무죄 판결을 내린 사례는 1,000건 이상으로 전체의 18%를 차지한다. 검찰관 중에는 최종진술에서 검찰 증인을 신용할 수 없음을 인정하고 피고의 무죄를 주장한 사례나 형이 너무 무겁다는 이유로 군 당국에 직소하는 편지를 보내어 감형을 받도록 노력한 사례도 있어 법무관으로서 양심을 보여준 관계자도 있었다. 법정에서 검찰을 엄중히 비판하는 재판장도 있었다. 또한 재심에서 감형을 받거나 판결이 파기(즉 무죄)된 사례도 적지 않았다. 영국재판의 경우, 유죄 판결 810명 중 감형 94명, 파기 255명, 합계 119명(15%)에 달했다. 미국재판에서는 사형 판결의 45%, 필리핀재판에서는 8할이 감형되었다.

물론 전체가 그러했다고 할 수 없을 것이다. 예를 들어 말레이 반도에서의 포로 학대에 대해 수사한 호주의 마누스재판에서 니시무라 다쿠마 근위사단장을 기소한 고드윈 검찰관이 니시무라에게 유리한 증거를 숨기고 그를 유죄(사형)로 몰아넣은 사례와 같은 경우는 또 있을 것이다. 고드윈은 전쟁 중 일본군의 포로가 되어 심한 취급을 받았을 뿐 아니라 많은 동료를 잃었다. 그 증오가 그러한 행동에 이르게 했을지도 모른다(이언 워드(Ian Ward), 함정에 빠진 또 다른 호랑이(Snaring the Other Tiger)).

일본군이 저지른 범죄의 피해자들의 호소에 대해 때로는 냉정하게 대처한 재판관이 있었고, 재판이라는 방법을 통해 피해자들이 직접 보복함을 부정했으며 그러한 법적 수속을 취함으로써 예상을 훨씬 밑도는 인원만이 재판받은 사실도 볼 필요가 있을 것이다. 재판이라는 방식은 일정한 증거를 모으고 범인 체포하고 범죄를 법정에서 입증해야 하는데 그러한 점이 연합국의 손을 스스로 묶은 측면이 있었다. 그리고 재판관은 꼭 재판 소집국의 정부나 군 지도자의 의도대로 움직이지 않았다. 범인을 착각한 사례도 있었을 것이며 사실인정을 잘못한 사례도 있을 것이다. 재판을 개별 검증하여 고쳐야 할 것은 고쳐야겠지만 전범재판 전체를 부정하는 것과는 다른 이야기이다.

재판을 중립국이 진행하거나 중립국 재판관이 참가하면 어떻겠냐는 주장이 있다. 가능한 그렇게 하는 쪽이 좋겠다고 할 수 있겠으나 다만 제2차 세계대전의 중립국은 스위스, 스웨덴, 스페인, 포르투갈 등 얼마 되지 않았다. 그러한 나라들에 수사나 재판을 할 능력을 없었으며 약간의 재판관을 제공할 수 있었다고 해도 일부의 재판뿐이었을 것이다. 일본이나 독일이 전세계를 상대로 전쟁을 하는 현실이 승자가 재판하는 형태의 전범재판을 초래했음을 인식해야 한다.

A급 전범재판에 대해서 말하자면 제1장에서 보았듯 전쟁 중 연합국 내부의 논의는 주요 전범을 즉결처형할지, 아니면 재판에 회부해야 하는지가 대립축이었음을 인식해야 할 것이다. 전자를 주장하는 자는 재판은 엉터리 혹은 연극으로 보일 우려가 있다는 이유로 재판을 반대했다(영국 정부의 메모). 분명히 전범재판은 그러한 비판을 받지만 그렇다

고 해도 재판 없이 즉결처형하는 것보다는 재판을 하는 쪽이 낫다고 생각한다. 이 점은 BC급 전범재판에서도 마찬가지이다.

재판이 끝나고 - 전범 석방

# 제6장
# 재판이 끝나고 - 전범 석방

전범재판을 통해 사형 판결이 확정된 자는 구류된 형무소에서 사형
이 집행되었다. 금고형 혹은 중노동형에 처해진 전범은 요코하마재판
에서 재판받은 자는 스가모형무소에 수용되었으나 나머지 재판의 전
범은 현지 교도소에서 복역했다. 하지만 전범재판이 끝나고 이윽고 일
본이 독립을 회복하려는 가운데 이러한 복무 중인 전범의 취급이 문제
가 되었다. 이번 장에서는 그러한 문제를 보기로 하자.

# 1. 형 집행과 평화조약

## 스가모형무소에 이감된 전범들

1949년 1월 중국재판이 끝남과 동시에 한 달 뒤 중국에 있는 260명의 전범이 일본의 스가모형무소에 이감되었다. 국공 내전에서 패배하던 국민정부는 전범을 수용할 수 없었기에 중국 공산당의 항의를 무릅쓰고 그들을 일본에 돌려보냈다. 그 뒤 1950년 네덜란드와 프랑스, 1951년에는 영국도 복역 중인 전범을 스가모형무소에 이감했다. 교도소 비용이 큰 부담이었거나 식민지가 독립함으로써 현지에서 수용할 수 없었던 점 등의 사정이 배경이었다.

1952년 4월 28일 평화조약이 발효한 시점에서 스가모형무소에 수감 중인 전범은 927명(그중 조선인 29명, 대만인 1명)이었다(표 6-1). 해외에서는 필리핀 111명, 호주(마누스섬) 206명, 합계 317명이 복역 중이었으며 국내외를 합쳐 합계 1,244명에 달했다. 그 뒤 필리핀과 호주의 전범도 1953년 8월까지 전원 스가모형무소에 이감되었다.

호주를 제외하고 전범재판이 끝난 1950년 3월 GHQ는 회장 제5호 「전쟁범죄인에 대한 은전부여」를 시행했다. 이에 따라 미결구류기간도 형기에 포함하여 실제로 감형하는 구류특전, 복역을 성실하게 이행한 자에게는 형기를 단축하는 선행특전, 형기의 3분의 1 이상을 복역한 자(종신형은 15년 이상)에게 가출옥 자격을 부여하는 선서가석방제도를 도입했다. 가석방은 본인의 신청에 따르며 GHQ 내부의 심사위원회가 그들을 심사하여 가석방 주인 자는 법무부 외국(外局)으로 설치한 중앙갱생보호위원회가 보호, 감독했다. 이 회장은 어느 재판국이든 스가모형무소에 수감 중인 전범 전체에게 적용하여 평화조약이 발효할 때까지 가석방한 자는 892명에 달했다.

**[표 6-1] 스가모형무소 수용자 수의 추이**

| 연월 | 재소자 수 (명) | 가석방자 수 (명) | 주요 사건 |
|---|---|---|---|
| - | - | - | 1945. 9. 11. 제1차 전범 체포 지령 |
| 1945. 11. | 178 | - | 11. 1. 스가모형무소 탄생 |
| 1945. 12. | 218 | - | 12. 18. 요코하마재판 시작 |
| 1946. 6. | 697 | - | 1946. 4. 26. 첫 사형 집행 |
| 1946. 12. | 809 | - | |
| 1947. 2. | 1,006 | - | 이 시기를 전후해서 재소자 수가 가장 많음 |
| 1947. 7. | 637 | - | 1947년 7월까지 국내 체포자 2,214명 해외 이송과 석방 등 1,577명 |
| 1948. 12. | 1,097 | - | |
| 1949. 12. | 1,340 | - | 1949. 2. 중국에서 이송, 1949. 10. 요코하마재판 종료 |
| 1950. 1. | 1,862 | - | 1950. 1. 네덜란드 이송 1950. 2. 마누스에 보냄 1950. 4. 7. 마지막 사형 집행 1950. 5. 첫 가석방자 1950. 6. 프랑스에서 이송 |
| 1950. 6. | 1,773 | - | |
| 1950. 12. | 1,391 | - | |
| 1951. 6. | 1,330 | - | 1951.7 홍콩에서 이송 1951.8 영국 관계자 이송 |
| 1951. 12. | 1,385 | - | |
| 1952. 4. 28. | 927 | 694 | 평화조약 발효. 일본에 전범 이감(스가모형무소) 해외 복역 중 317명, 복역 중인 전범 합계 1,224명 |
| 1952. 12. | 805 | - | |
| 1953. 12. | 800 | - | 1953. 7~8. 필리핀과 누마스에서 이감(해외 복역자 0) |
| 1954. 12. | 663 | - | |
| 1955. 12. | 444 | - | |
| 1956. 12. | 112 | - | 1956. 3. A급 전범 전원 가석방(수용자 0) |
| 1957. 12. | 45 | 473 | |
| 1958. 5. | 0 | 499 | 전원 가석방 1958. 4. A급 전범 전원 석방 |
| 1958. 12. 29. | 0 | 0 | 가석방자도 전원 석방 |

출전: 자엔 요시오 편저(茶園義男編), 『도설 전범재판 스가모형무소 사전(図説 戦争裁判スガモプリズン事典)』

## 평화조약과 전범

평화조약 교섭은 1951년 초부터 시작하여 9월 샌프란시스코에서 체결되었다. 평화조약을 체결할 때 스가모형무소 안에서 전범들은 자기들이 석방되지 않을까 기대했으나 실현되지 않았다.

평화조약 제11조는 "일본국은 극동국제군사재판소와 일본 국내, 외의 다른 연합국 전쟁범죄법정의 판결을 수락하고 또한 일본국이 구금 중인 일본 국민에게 이들 법정이 내린 형을 집행한다."라고 규정하여 전범의 사면이나 감형, 가석방은 재판한 연합국의 결정에 따르도록 정했다(보통 일본어 번역으로는 "재판을 수락"한다고 하지만 영문은 judgement, 즉 '판결'이다). 일본 정부는 모든 전범재판의 판결을 승인하고 형을 집행할 의무를 졌다. 다만 사면, 감형, 가석방에 대해 '권고'할 수 있었다. 덧붙이자면 조선인과 대만인은 일본 국민이 아니라는 이유로 원호 대상에서 제외하면서 형 집행만은 하는 차별 대우를 한 사실은 앞서 말한 대로이다.

1952년 4월 28일 평화조약의 발효와 함께 그때까지 미국식으로 스가모프리즌이라 불렸던 감옥은 일본의 관할로 넘어가 스가모형무소가 되었다.

그런데 독일의 경우, 동서로 분열되었기 때문에 평화조약을 체결하지 못했고 서독은 연합국의 전범재판을 인정하지 않는다는 입장을 취했다. 소련과 동유럽을 제외하고 수형자는 1950년 4월 1일 현재 3,649명, 1952년 9월 13일 현재 1,017명이었다(외무성 자료).

## 2. 전범 석방을 향한 움직임

### 전범 석방 운동

1952년 8월 법무부가 법무성으로 개편됨과 동시에 중앙갱생보호위원회는 중앙갱생보호심사회로 바뀌었다. 이 심사회가 전범 개개인의 사면, 감형, 가석방을 해당국 정부에 권고하면서 BC급 전범의 전면 석방을 요구했다. 참, 중의원도 1952년 6월 전범 석방에 관한 결의를 비롯해 몇 차례나 석방을 요구하는 결의를 채택했다. 공산당만은 "아시아 각국의 인민에 대해 저지른 중대한 범죄에 대한 진지하게 반성하는 마음을 무디게 하고", 부활하고 있는 군국주의적 지배자에 대한 증오심을 마비시킨다는 이유로 석방결의에 반대했다.

'전범 석방 운동'도 널리 전개되었다. 1952년 5월 전쟁 중의 정, 재계나 군 지도자들을 간부로 하는 전쟁수형자세화인회가 설립되어 전범은 "모두 국가를 위해 전쟁에 종사했으며 패전이라는 현실 때문에 생긴 일종의 희생자"라는 이유로 전범 석방과 그 가족을 지원하는 목적으로 활동을 시작했다. 1952년 3월 스가모법무위원회가 편찬한 『전범재판의 실상(戰犯裁判の実相)』이라는 두툼한 등사판 책이 간행되었는데 이 책 속에서 수형자들은 BC급 전범재판이 불공평하고 너무한 재판이었다고 강조했다.

국민 내부에도 전범을 전쟁 희생자로 보는 시선이 확산되어 다양한 종교 단체나 일본적십자사, 일본변호사연합회, 청년 단체 등이 전

범 석방 운동을 열었다. 1953년 11월 '억류동포완전구출 스가모전범전
면석방관철국민대회'는 약 3천만 명의 서명을 모았다고 한다. 그해 12
월 스가모유서편찬회가 정리한 『세기의 유서』는 형사자의 유서 원고
를 수록하여 처음으로 그들의 생생한 목소리를 사람들에게 전했다.

하지만 이러한 전범 석방 운동은 전범을 전쟁 희생자로 봄으로써
마치 일본인 전체(국가나 군 지도자도 포함해서)가 전쟁 희생자인 것마냥 다루
고 일본이 일으킨 전쟁 때문에 피해를 입은 아시아 사람들을 시야 밖
에 두었다. 전범 석방을 통해서 한 줌의 전범에게 전가하고자 했던 일
본인 전체의 전쟁 책임, 특히 면죄된 상급 지도자의 책임을 다시 물으
려는 경향은 매우 희미했다.

그런데 중국 국민정부는 일화평화조약의 발효와 함께 남은 전범
91명 전원을 석방했다. 필리핀도 1953년 말 대통령 특사로 전원을 석
방했다. 일본 정부는 이러한 사례를 들어 각국에 사면, 석방을 촉구했
다. 미국의 경우, 1952년 9월 국무부 내에서 일본인 전범사면가석방위
원회를 설치하여 개개의 사례별로 특사나 가석방을 검토했다. 영국도
1953년부터 감형을 통한 형기 만료=석방을 진행했다. 네덜란드는 전
시 억류자에 대한 보상 문제와 엮였기에 1956년 일본이 1천만 달러(36
억 엔)를 지불하는 의정서를 네덜란드와 체결한 뒤 가석방, 석방이 늘었
다(법무대신관방사법법제조사부(法務大臣官房司法法制調査部), 『전범 석방사 개요(戦犯釈放
史要)』).

중앙갱생보호심사회가 전범 개개인의 가석방이나 사면을 권고했지

만 복역 중 선행이나 가족의 곤궁한 사정 등의 이유뿐 아니라 전쟁범죄 사실 그 자체를 부정하는 내용도 포함했다. 예를 들어 싱가포르 화교 숙청 사건으로 종신형을 선고받은 오니시 사토루(大西覚) 헌병 중위의 사례에서 '보복 재판'이었다며 재판 자체를 부정하는 권고를 영국에 제출했다. 연합국은 전범재판이 정당했다고 인식한 만큼 일본 정부의 이러한 자세에 반발했으나 서서히 눌려갔다.

## 진지한 반성 - 옥중의 전범들

전범 석방 운동 전개는 동시에 일본의 한국전쟁 참가와 조선 특수를 통해 얻은 경제 재생, 미일안보조약에 따른 미군의 계속되는 주둔, 경찰예비대에서 보안대, 그리고 자위대로 전환이라는 재군비의 진전과 병행되었다. 냉전 중 일본의 역할과 전범 석방을 잇는 논의는 재군비의 대가로 전범을 석방하려는 행위라는 우려를 낳았다. 그러한 상황속에서 전쟁 책임을 정면으로 바라보려는 생각이 스가모형무소 안에서 탄생했다.

전범으로 복역 중이라고 하나 일본에 관리가 넘어간 뒤부터는 비교적 대우도 좋아졌고 우에노 도서관에서 책을 빌려 읽을 수 있었다. 그리고 일본이 일으킨 전쟁에 대해, 혹은 그러한 상황 속에서 일본군이나 본인이 저지른 잘못을 차분하게 반성할 시간을 가질 수 있었다. 전범들 사이에 평화그룹이 조직되었고 공산당 조직도 만들어졌다.

독립을 회복한 지 얼마 지나지 않아 잡지 『세카이(世界)』 1952년 10월 호에 스가모형무소에 복역 중인 어떤 전범이 투고한 「우리는 재군비의 교환표가 아니다—전범 석방 운동의 의미에 대해서」는 큰 반향을 불렀다(나중에 이 글의 저자가 사형 판결을 받았지만 재판을 다시 하여 30년 형을 선고받은 가토 데쓰타로(加藤哲太郎)임이 밝혀졌다). 석방 운동에 대해 "일부 사람들"이 전범을 '이용'한다고 비판하고 재군비나 헌법 '개정'을 위해 "죽음의 상인들의 운동 덕택에 석방됨"은 바람직하지 않다고 주장했다.

전범들이 쓴 수기가 계속 간행되었는데 그중에서도 『벽이 두툼한 방—스가모 BC급 전범의 인생기(壁あつき部屋—巣鴨BC級戦犯の人生記)』(1953)는 일본이 저지른 전쟁범죄를 제대로 바라보는 수기집이었다.

처형 명령을 내린 사실을 부정하고 부하에게 책임을 떠넘긴 대대장이나 점령지에서 약탈한 물건을 연합군 장교에게 바쳐 불기소 처분을 받은 상급 장교, 패전 후 주민으로부터 욕을 들은 경험을 통해 성전이란 이름 아래 침략과 약탈을 저지른 사실을 반성하게 된 사실 등을 말했다. 명령을 따라 미군기 탑승원을 처형한 어떤 전범은 "그때 나는 왜 그토록 순순히 명령을 따랐느냐는 반성에 시달렸습니다. 그리고 이 독방에서 '명령을 받았기 때문에'라는 변명이 순간 나를 위로했지만 고통에서 도피할 뿐 도움이 되지 않는다는 사실도 알았습니다."라고 썼다. 명령이니까 별 수 없었다는 변명에서 사고가 정지하지 않고 깊이 반성한 다음 그는 다시 하급자를 재판하고 끝나버린 전범재판이 "전쟁 그 자체가 가진 잔악성을 감추고 대부분의 전쟁범죄인의 소재를 감추기 위함이었다."라고 썼다. BC급 전범재판이 "대부분의 전쟁 범죄인"을 숨기고 말았다는 비판이 갖는 무게는 무겁다.

이 책 이외에도 『나는 죽어야 하는가?(われ死ぬべしや)』, 『그로부터 7년 (あれから七年)』, 『나는 조개가 되고 싶다(私は貝になりたい)』 같이 전범재판의 문제점을 비판하면서도 일본군이 가해를 저지른 사실을 주시함과 동시에 재군비에 반대하는 사상이 탄생했다. 전범재판 비판을 침략 전쟁과 잔악 행위의 진정한 책임자를 추궁하고 두 번 다시 이러한 전쟁을 되풀이하지 않겠다는 방향으로 발전시키려는 노력이 스가모형무소 안에서 발생한 것이다(우쓰미 아이코, 『스가모형무소(スガモプリズン)』).

『나는 조개가 되고 싶다』라는 말은 앞서 소개한 가토 데쓰타로가 필명으로 『그로부터 7년』에 쓴 「미친 전범사형수(狂える戦犯死刑囚)」 중 어떤 조장의 유서로 나온다. 가토는 전범재판을 통렬하게 비판하면서 동시에 '침략 전쟁'을 일으킴으로써 그러한 전범이 탄생했다고 쓴 다음, 앞으로 "전쟁이니까, 전쟁의 요구를 따라 행동했다는 자기변호는 성립할 수 없을 것이다. 그 전쟁에 참가하고 협력했다는 근본 사유 때문에 그의 도덕적 책임 그 자체가 추궁받을지도 모른다."라며 일본과 그 국민의 책임도 진지하게 반성하는 내용이었다(가토 데쓰타로, 『나는 조개가 되고 싶다』). 조장의 유서는 창작이었으나 1958년 드라마로 만들어졌다(이듬해 영화로도 만들어졌다). 드라마에서는 상관의 명령을 따라 붙잡은 미군기 탑승원을 처형하려고 했지만 겁을 먹었기 때문에 엉거주춤하다가 부상을 입혔을 뿐인 이등병이 사형에 처해지고 마는 줄거리로 바뀌

었다. 게다가 가토가 "사상적 추궁이 철저하지 않다."라며 분노했듯이 일본이 일으킨 전쟁에 대한 반성은 희미해졌다. 조장과 이등병은 군 안에서 전혀 다른 처지이지만 사람들의 동정을 끌고자 이등병으로 바뀌었다. 전범재판에서 사형에 처해진 이등병은 없었음을 우리는 앞서 보았으나 이 드라마가 전범재판에 대해 일본인 안에 어떠한 정형화된 이미지를 만드는 데 큰 영향을 끼쳤다고 생각한다.

그런데 중화인민공화국에 있던 전범들 사이에서도 스가모형무소와 똑같은 일이 발생했다. 그들은 귀국 후 중국귀환자연락회(中国帰還者連絡会)를 만들어 자신의 가해 체험을 증언하고 중국과 일본이 화해하도록 계속 노력했다. 또한 필리핀에 수용된 전범 중에도 필리핀 민중의 격렬한 분노에 직면하여 '가해죄'를 진지하게 받아들이려는 자들이 있었다(나가이 히토시(永井均), 「감옥으로부터의 반전 사상(獄窓からの反戦思想)」). 하지만 옥중에서 발생한 전범들의 생각을 일본 사회는 충분히 받아들일 수 없었다. 이것은 전후 일본 사회의 불행이었다고 말할 수밖에 없다.

## 전범 석방과 일본 정부

일본 정부는 냉전을 이용하여 사면과 석방을 요구했다. 예를 들어 1953년 10월 당시 요시다 내각의 여당인 자유당의 이케다 하야토(池田勇人) 정무조사회장이 수상의 특사로서 로버트슨 미국무차관보와 회담을 가졌다. 그 자리에서 미국 정부는 삼십수 만 명의 군대를 조직하도록 요구했지만 끝내 18만 명 규모의 육군을 창설하기로 합의하는 등 이 회담은 일본의 재군비에 중요했다. 이 협의 속에서 이케다는 "방위 문제의 해결도 이 문제를 해결하지 않으면 어렵다."라고 말하며 재군 비를 위해서 전범 석방이 필요하다고 시사했다. 또한 외무성도 미국과 교섭하는 가운데 "소련이 평화공세의 일환으로 일본인 전범을 귀국" 시키면 "일부 일본인이 이에 현혹"되어 "미국이 불리한 처지에 놓일 까봐 우려"된다고 반쯤 협박조로 말하며 석방을 촉구했다(외무성 문서).

1953년 9월 서방을 돌고 온 두 명의 중의원 의원은 영국 정부에 대 해서는 중국이나 필리핀이 전범을 석방한 사실과 함께 "최근 소비에 트의 평화공세와 중공에서 귀환자들이 돌아오는 추세에 비추어 공산 당을 이용하여 억류 중인 '전범'을 귀국시키는 방안도 생각할 수 있는 데, 이럴 경우 서구에 관계된 전범이 석방되지 않고 남아있다는 사실 이 국내 정치와 대외 관계의 측면에서 보더라도 달갑지 않은 결과가 될까 봐 두렵다."라며 중국과 소련의 자세를 구실 삼아 전범을 전면 석방하도록 요구했다. 마찬가지로 미국 정부에도 "극좌분자"가 전범 문제를 이용해서 '반미 선전'을 한다는 이유로 전범의 조기 석방이 '매 우 중요'하다고 호소했다(개진당의 야마시타 하루에(山下春江) 중의원 의원).

요시다 수상도 미 정부에 "전범을 계속 구금함은 사회, 정치적으로 도 일본의 공중의 입장에서 고도로 감정적인 문제이다."라는 이유로 조기 석방을 호소했는데 미 정부 내부에서도 "일본인 전범을 계속 구 금하면 미국과 일본 사이의 정치, 심리적 마찰의 중요한 원천이 되며 일본과 정치, 군사상 긴밀한 동맹으로 발전시킬 수 있는 미국의 정책과 일치하지 않는다."라는 의견이 나왔다(1954년 11월~12월, 미 외교문서).

일본이 중립주의로 기울까 봐 두려워한 미국은 일본을 서방 진영에 끌어두기 위해 전범 문제에서 양보를 강요당했다. 영미 등 연합국은 전범재판 자체를 부인할지도 모르는 일본 정부나 국민의 동향에 초조함을 보이면서, 또 전범 석방에 대한 국내의 반발을 고려하면서 양보를 거듭하여 전범을 순차대로 사면, 석방해 갔다.

재군비를 하는 대가로 전범을 석방한다는 비판은 그 말대로였다. 일본은 전범을 석방하면서 전쟁 책임을 반성하려는 자세가 전혀 없었다. 스가모형무소 안에서 일본의 전쟁을 스스로 반성하려고 했던 전범들은 침략 전쟁에 끌려나가 전쟁 책임을 뒤집어썼고, 나아가 재군비의 거래 소재가 되어 두 번이나 일본의 지배자에게 이용당했고 배신당했다.

이렇게 해서 사면, 석방이 진행되는 가운데 스가모형무소의 복역자는 1956년 들어 급격히 줄었으며 1958년 5월 전원이 가석방하여 스가모형무소에는 전범이 사라졌고, 그해 12월 29일 미국이 가석방 중인 자를 완전 사면함으로써 모든 전범이 사라졌다.

그러기를 기다렸다는 듯이 1959년 4월 형사자 346명이 야스쿠니 신사에 합사되었고, 그 뒤 그해 10월과 1966년 10월 두 차례의 합사를 통해 BC급 전범 형사자 전원이 야스쿠니에 들어갔다.

마지막장
# BC급 전범재판이란 무엇이었을까?

## 마지막 장
# BC급 전범재판이란 무엇이었을까?

### BC급 전범재판이 갖는 의의

제2차 세계대전은 막대한 민중이 희생된 전쟁이었다. 근대 전쟁사에서 처음으로 민중이 주요 공격 대상이 되었기 때문이다. 특히 일본과 독일이라는 추축국은 점령지 주민을 상대로 매우 규모가 크고 조직적인 잔악 행위를 오랫동안 펼쳤으며, 이로 인한 민중의 피해는 이전까지의 다른 전쟁과 비교할 수조차 없었다. 독일과 일본군의 포로가 된 자들의 피해도 컸다. 이러한 사실은 무엇보다도 제2차 세계대전이 세계적 규모의 총력전이었던 결과이기도 하다.

동시에 민중이 공격 대상이 된 점은 민족운동과 민족의식이 예전에 보지 못한 수준으로 높아진 사실의 반영이기도 하다. 그 민족운동

209

은 그때까지 서구의 지배자를 향하면서 동시에 새로운 점령자인 일본을 향했다. 그 저항력은 컸기에 일본군의 공격의 창 끝은 그러한 민족 운동의 기반인 민중 자체를 향했다.

　이러한 상황에 직면하여 연합국 내부에서도 지금까지의 전쟁범죄 이해로는 도저히 대처할 수 없다는 사실을 인식하고 논의했다. 그렇게 함으로써 "평화에 대한 죄"나 "인도에 대한 죄"라는 개념이 탄생했지만 연합국전쟁범죄위원회 위원들의 문제의식은 BC급 전범재판을 실시한 각국의 실무자에게까지 전달되었기 도저히 말할 수 없었다. 하지만 민중의 심각한 피해를 앞두고 그러한 피해를 다룰 수밖에 없었다.

　일본을 보자면 A급 전범재판은 정치 거래 속에서 도쿄재판 한 번으로 끝났으며 그중에서 "인도에 대한 죄"는 적용되지 않았다. BC급 전범재판에서도 오로지 B급 전쟁범죄, 즉 통상 전쟁범죄만을 다뤘다. 그렇기 때문에 점령지 민중에 대한 잔악 행위는 어느 정도 재판받았지만 식민지 민중에 대한 잔악 행위는 전혀 재판하지 않았다. 조선이나 대만 같은 일본의 식민지 민중은 일본 국적을 가졌기 때문에 자국민에 대한 행위는 통상 전쟁범죄로 간주하지 않았기 때문이다.

　또한 대규모이자 조직적인 잔악 행위를 저지르게 한 상급 지도자들도 거의 재판받지 않았다. 대부분 개별 사례에서 현장 책임자나 실행자를 재판한 데 그쳤다(그마저도 일부일 뿐이었다).

　그런데 만약 BC급 전범재판에서 포로뿐 아니라 일반 민중에 대한 무시무시한 잔악 행위를 전혀 심판하지 않았다면 어떻게 되었을까?

항복한 일본군 장병이나 일본 민간인에 대한 대규모 보복이 일어났다고 해도 이상하지 않다. 만약 그랬다면 전쟁범죄와 관계가 없었던 많은 사람이 희생되었을 것이며 보복에 저항하여 피로 피를 씻는 참극이 일어났을지도 모른다.

연합군은 전쟁범죄인을 재판으로 처벌한다고 선언했기 때문에, 그리고 실제로 전쟁범죄를 수사하고 용의자를 체포해서 재판에 회부하여 처벌함으로써 민중의 분노를 억누를 수 있었다. 법에 따른 재판이란 우선 피해자의 보복을 멈추게 하는 효과를 갖는다. 분명히 전범재판은 승자가 열었으며 승자가 패자를 심판하는 성격을 가졌지만 동시에 민중의 보복을 막는 역할을 맡았다는 사실도 인정해야 할 것이다.

그리고 용의자를 재판에 회부하기 위해 증거나 증언을 모아 범죄를 입증할 필요가 있었기에 그 행위의 책임자와 실행자를 특정하고 체포할 필요가 있었다. 수사원이 유죄라고 생각해도 그것은 재판이라는 스크린에 올랐고 다시 재심을 통해 음미되었다. 검찰에 유리한 취급을 한 사례가 많았다고는 하나 그 과정에서 무죄를 선고받거나 감형된 자도 적지 않았다. 재판 기록은 보존되어 현재 적어도 미국, 영국, 호주, 필리핀 네 나라는 재판 기록을 공개했으며 중국과 네덜란드는 일부만 공개했다(프랑스만 공개하지 않고 있다). 그러한 사실 덕분에 개별 재판의 타당성을 검증할 수 있다. 도쿄재판도 포함하여 자료를 수집하여 남기는 작업은 중요할 것이다.

만약 전범재판을 열어 잔악행위를 심판하지 않았다면, 그것은 국제

사회가 전쟁 중에는 무슨 짓을 해도 좋다고 공언하는 셈이었을 것이다. 그것은 국제 도덕의 타락을 유발하여 전쟁을 마음대로 시작해도 되고, 전쟁 중에 어떤 짓을 자행해도 상관없다는 사고를 낳았을 것이다.

국제사회가 전쟁범죄를 범죄로 인정하고 재판했다는 사실은, 당시에는 부족한 점이 있었더라도 훗날 국제사회의 판단 기초가 되었다. 1946년 개최된 제1회 유엔총회가 "뉘른베르크재판소 조례에 따라 인정된 국제법의 원칙"을 확인하는 결의를 만장일치로 채택했으며 그 뒤 제노사이드조약(1948년), 제네바조약(1949년), 제네바조약에 대한 두 가지 추가 의정서(1977년), '전쟁범죄와 인도에 대한 죄에 대한 시효부적용조약(1968년)' 등의 결실을 보았다.

베트남전쟁 반대운동이나 걸프전쟁과 이라크전쟁 등에서 발생한 전쟁범죄를 고발하는 운동에서도 이러한 국제인도법은 중요한 이론, 실천적인 단서가 되었다.

그리고 1993년 유엔안보리가 구유고슬라비아국제형사재판소를, 이듬해 발생한 르완다내전을 처리하기 위한 국제형사재판소를 설치하기로 결정하자 전범재판이라는 방법이 다시 주목을 받았다. 1998년 국제적인 노력에 따라 체결된 국제형사재판소조약이 2003년 봄에 발효되어 전쟁범죄를 재판하는 첫 상설재판소로서 국제형사재판소가 탄생했다. 국제형사재판소는 제2차 세계대전 뒤 열린 전범재판에 대한 반성에 입각하여 전쟁의 승자(당사자)가 설치하는 기관이 아니라 상설 중립 기관이었으며 사형을 인정하지 않고 피고의 권리를 존중하는 등 다양한 점에서 개선되었다.

전쟁범죄 수사는 평시 수사보다 훨씬 힘들며 오심(사실인정의 착오나 사람을 착각하는 등)을 할 가능성이 높기 때문에 사형을 인정하지 않음은 타당할 것이다. 살아있다면 다시 재판을 할 수 있다. 전범재판의 경험이 남긴 귀중한 교훈이다.

분명히 이러한 국제인도법은 종종 위반되었다. 또한 특히 미국처럼 국제형사재판소를 인정하지 않고 자국의 장병이 어떠한 비인도 행위를 하더라도 재판을 거부하는 등 문제는 산더미 같다. 하지만 그러한 미국도 군사 목표만 공격하겠다고 말할 수밖에 없으니 명분상 국제인도법을 의식할 수밖에 없다. 그것이 변명에 불과하다고 비난받아 마땅하지만 만약 국제인도법이 제약하지 않으면 훨씬 끔찍한 일을 태연히 저질렀을 것이다. 충분하다고 할 수 없어도 그것을 부정하지 않고 오히려 전쟁을 방지하기 위해, 혹은 전쟁이 벌어져도 가능한 시민의 희생을 줄이기 위한 단서로 활용하는 자세를 취해야 할 것이다.

BC급 전범재판은 많은 문제가 있다. 억울하게 죄를 뒤집어쓴 사례도 많았을 것이며 훨씬 책임 있는 자가 재판받지 않은 경우도 많았을 것이다. 다만 그러한 점을 고려한다고 해도 전범재판이라는 방식을 채용한 사실은 일보전진이었다고 생각한다.

## 민주주의 사회의 시민에게

『나는 조개가 되고 싶다』의 원작자인 가토 데쓰타로는 이렇게 썼다.

> 전쟁이라는 인간의 개념이 무수한 인명을 앗아가지 않았다. 반대로 전쟁에 종사한 당신이 자기 손으로 장삼이사를 죽였다. 야마다나 스즈키를 죽였다. 당신은 누구인가? 그것은 당신 개인이다. 침략 전쟁에 협력한 세계의 모든 사람의 일원인 당신이다.
>
> 가토 데쓰타로, 『나는 조개가 되고 싶다』

상관의 명령이었다는 이유만으로 면책받을 수 없다는 말은 무슨 의미인가? 그 명령이 국제법에 비추어, 혹은 인도에 비추어 타당한지 스스로 생각하고 판단해야 한다. 즉 군인이기 전에 양식을 갖춘 시민이어야 한다는 의미이다. 민주주의 사회를 사는 시민으로서의 책임을 묻는다는 의미이다.

물론 전쟁 중 일본에 그러한 시민으로서의 책임을 묻기는 무리가 있다는 주장이 있으나 설령 그렇다고 해도 일본 사회 내부에서의 이야기일 것이다. 다른 나라에 가서 그 나라의 사람들과 접할 때 일본의 논리는 이러하다는 주장은 통하지 않는다. 연합국도 상관의 명령 문제에 대해 꽤 고려했음은 앞서 소개한 대로이다. 오히려 장교나 하사관 같이 일정한 재량이 있던 자, 혹은 남을 시킬 수 있는 자들까지(상황에 따라 다르기 때문에 하나로 묶어서 말할 수 없지만) 명령이었기 때문에 어쩔 수 없었다고 변명했기 때문에 드라마 <나는 조개가 되고 싶다>가 만들어 낸 이미지가 이용되는 듯 보인다.

물론 부당한 명령을 내린 상급자나 불합리한 상황을 유발한 더 큰 책임자가 추궁받아야 한다는 점은 분명하다. 그러나 그런 명령을 피하기 위해 아무 노력도 하지 않았거나 자신이 저지른 행위에 대한 일말의 반성도 없는 자가 '나는 단지 명령을 따랐을 뿐'이라고 말한다면, 그것은 단지 타인에게 책임을 전가하기 위한 변명에 지나지 않는다. 가토는 결국 '명령을 따랐다는 하급 병사들이 없었다면 침략 전쟁은 불가능했으니, 그들 역시 책임을 면할 수 없다'고 비판한 게 아닐까?

현실에서 한 사람 한 사람이 국가나 조직에서 자립한 시민이어야 한다는 말은 매우 실현하기 어려운 과제이다. 그렇다고 해도 개인의 책임으로부터 도피해서는 안 되니, 개인의 힘으로는 멈추거나 저항할 수 없는 일이 일어나지 않도록 시민이 협력하여 사전에 제동장치를 만드는 것이 중요하다. 가토의 경험에 근거를 둔 사실인식과 그에 대한 반성을 시민이 공유하고 전쟁을 향한 선동에 놀아나지 않도록 언론이 흘리는 정보를 비판적으로 보는 힘을 키우고 언론도 그러한 선동을 하지 않으며 폭력 문화를 부정하고 다양함을 공존할 수 있는 사회 건설 등을 포함해야 할 것이다. 또한 군대 내 인권·국제법 교육, 위법 명령에 대한 저항·항의의 보장 같이 일상부터 침략 전쟁이나 전쟁범죄를 일으킬 수 없는 구조를 만드는 것도 중요할 것이다. 상관의 명령이었으니까 어쩔 수 없었다느니 전쟁은 원래 이러하다느니, 그러니까 나에

겐 책임이 없다는 변명으로 일관하기만 해서야 과연 괜찮을까? 가토는 그러한 현재를 사는 시민으로서의 책임을 말했을 것이다.

상관의 부당한 명령 문제는 군대에서만 일어나는 것이 아니다. 회사원이나 공무원도 일상적으로 겪는 문제이기도 하다. 상사가 위법 행위를 명령하거나 회사나 조직이 불법 행위를 한 사실을 깨달았을 때 어떻게 할 것인가? 가령 미노마타병 같은 공해 문제가 일어났을 때, 자기 회사가 원인임을 깨달은 직원이 내부고발 할 수 있도록 지원하는 구조가 있었다면 큰 피해로 이어지는 것을 막을 수 있었을 것이다. 정부가 중요한 정보를 은폐하고 거짓말을 할 때 공무원이 시민에게 사실을 알리는 일은 민주주의에 있어 의의가 있는 행위가 아닐까?

현재 공립학교에서 교육위원회의 통달과 교장의 직무 명령에 따라 일장기·기미가요를 강요하고 있다. 교육 현장에서 자기 머리로 판단하고 행동함을 인정하지 않는다. 양심에 바탕을 둔 행동을 이러한 형태로 억누름은 상관의 명령이 천황의 명령이니 절대복종해야 한다고 여긴 구 일본군의 체질과 공통점이 있는 듯 보인다. 직무 명령이니까 따라야 한다고 말할 수밖에 없는 관리직의 모습을 보면 상관의 명령 문제에 대해 제대로 총괄해 오지 않았던 일본 사회의 문제가 여기에 전형적으로 나타나는 것처럼 보인다.

그리고 날마다 언론은 공해 문제나 뇌물수수, 다양한 부정행위로 떠들썩거린다. 그러한 문제가 드러났을 때 중간 관리직이나 말단에게 책임을 모는 경우가 많은 점도 BC급 전범재판과 비슷하다. 그때 상층부는 책임을 지고 물러나더라도 세상의 관심이 식으면 다른 직책에 앉아 실질적으로는 거의 처벌할 수 없는 경우도 많다. 비서나 운동원의 책임으로 몰고 본인은 모른 척 일관하는 정치가도 많다. 이라크에서 미군이 교도소 수용자를 학대한 사건에서도 말단에게만 책임을 몰았던 사실도 마찬가지이다.

그런데 전범재판을 보면 현지 주민이나 포로, 즉 피해자들이 피고를 변호할 경우 보다 원활하게 정상참작을 받는 경향이 있었다. 피고의 가족이나 친구, 동료들이 아무리 피고가 좋은 사람이라도 말해도 전혀 상대해주지 않은 모습과는 대조를 이룬다. 본인이 강자·지배자일 때 약자와 지배받는 사람을 어떻게 접하는지, 그것이 결국 자신의 운명을 결정하는 요인이 되었다.

사람은 상대에 따라 완전히 다른 대응을 하는 경우가 종종 있으며 상대에 따라 이미지가 전혀 다른 경우도 자주 있다. 가족이나 친구에게는 친절한 인물이 타인에게는 냉혹한 경우는 드물지 않다. 예를 들어 남편의 가정폭력에 고통받는 여성의 문제를 생각하면 여성이 남편의 폭력에 위협을 받으며 몸과 마음이 모두 심각한 상황에 처한 사례에서도 남편 측은 본인이 폭력을 휘두르거나 아내를 괴롭힌다는 사실을 자각조차 하지 못하는 경우가 많다고 한다. 게다가 그러한 남편은 회사 같이 외부에서는 좋은 사람으로 평가받는 경우가 많다.

'그렇게 좋은 사람이 전쟁범죄 같은 일을 저지를 리가 없다'는 말은, 가해자의 가족이나 친구로서 그렇게 생각하고 싶은 감정은 이해할 수 있다고 치더라도 그다지 설득력은 없다. 반대로 전쟁범죄를 저질렀다는 것이 반드시 그 사람의 극악무도함을 증명하는 것도 아니다(그런 경우도 있겠지만). 즉 전쟁범죄는 특별히 나쁜 사람만이 아니라, 평범하거나 심지어 인품 좋은 사람, 누군가의 아버지이자 남편이고 아들이었을 '보통 시민'에게서도 적지 않게 발생했다는 사실을 기억해야 한다.

다만 그래서 명령이니까 바로 실행할 것인지, 아니면 다른 방법을 찾으려고 생각을 하려는지에 따라 큰 차이가 발생한다. 숙청 작전 도중에 어떤 집에 있던 가족을 죽이라는 명령을 받은 군인이 그곳에 있던 소녀를 보자 자기 동생이 떠올라 상관에게 죽이지 말도록 호소하여 결국 죽이지 않고 그대로 떠났다는 이야기나, 경찰관이 게릴라에게 습격당했으니 주민을 철저히 조사하라는 헌병대의 말을 들은 경비대장이 예전에 자신이 저지른 주민 학살을 반복하고 싶지 않아서 '게릴라는 마을 밖에서 왔으며 주민 중에 그런 자는 없다'고 저항하여 희생자를 내지 않은 이야기도 있다. 물론 상황에 따라 그렇게 할 수 있었거나 그렇게 하지 못한 사례가 있겠지만, 아시아 현지 민중을 자기 가족과 같은 인간이라 생각하는 감성을 지닌 사실이 명령에 대해 다른 행동을 하는 계기가 되지 않았을까 생각한다. 인간으로서의 공감이 국가라는 테두리에 따라 차단될 수 있는지가 중요한 점일 것이다.

분명히 전쟁은 인간이 갖는 잔악성을 비대하게 만들지만 그중에서도 다른 민족과 나라의 사람들에 대한 인간성을 유지할 수 있었던 사람과 그렇지 않은 사람이 있다. 또한 전쟁 중이라고 해도 매순간 '죽거나, 죽이거나' 하는 전투 상황에 있는 것은 아니다. 그런 것을 모두 전쟁의 광기 탓으로 치부할 수는 없을 것이다.


## 일본 평화주의의 재생을 향해

연합국 측의 전쟁범죄가 전혀 재판받지 않았고 나아가 그 연합국이 제2차 세계대전 뒤 세계 각지에서 거듭 전쟁범죄를 저질렀기 때문에 자신의 책임을 부정해 온 것은 큰 문제이다. 도쿄재판을 포함해 일본인 전범을 재판한 논리를 적용한다면 역대 미국 대통령이나 각료들, 수많은 군사령관과 그들이 지휘하던 장교, 부사관들이 전쟁범죄를 저지른 혐의로 재판받아야 할 것이다. 다만 일본 또한 그 미국의 편에 서서 한국전쟁이나 베트남전쟁, 이라크전쟁, 나아가 미국의 여러 무력 개입을 지원, 지지하여 자국의 전쟁 책임을 유야무야해 온 사실도 일본인 자신의 책임으로 자각해야 할 것이다.

전후 일부 전범에게 책임을 몰고 전범과 그 가족을 비난함으로써 일반 민중은 자신의 책임을 묻지 않고 끝났다. 그리고 상황이 달라지자 전범을 전쟁 피해자로서 동정해야 할 대상으로 인식하고 마치 전쟁범죄 그 자체가 없었던 것마냥 전범 석방 운동을 지지함으로써 자기 책임을 면하려고 해왔다. 재판의 부당성을 주장함으로써 자신들을 포함한 일본인 전체의 책임을 해제하려고 했다고 말할 수 있을 것이다. 일본이 범한 침략 전쟁과 잔악 행위 안에서 민중의 책임에 대해 진지하게 생각할 수 있었던 것은 스가모형무소나 중국 등 일부 지역에 있었던 전범들 때문이었다. 일본의 독립 회복과 전범 석방 문제는 일본 국민 전체가 일본이 저지른 잘못을 재고해볼 절호의 기회였다. 하지만 안타깝게도 1950년대에 일부를 제외하고 그러한 움직임은 없었다.

이러한 문제는 전후 일본의 평화주의를 맡은 사람들 안에도 있었다. 1950년대는 재군비의 진행에 대해 재군비 반대, 미군기지 반대, 평화헌법을 옹호하는 운동이 고양된 시기이기도 했다. 다만 그러한 운동에서도 전쟁이 나쁘기 때문에 전쟁 그 자체, 군대 자체를 포기해야 한다는 절대평화주의를 지지했다. 나는 절대평화주의 자체를 부정하지는 않지만 그러한 상황에 이르는 인식의 과정이 중요하다고 본다. 전쟁이니까 잔악한 행위가 반드시 발생한다, 전쟁 자체가 나쁘다는 주장은 한쪽만 보면 그대로일 것이다. 하지만 자칫하면 주민 학살이든 포로 학대든, 독가스 사용이나 인체 실험도 모두 전쟁의 탓으로 정리해버릴 수 있다. 그 결과 일본군은 왜 그러한 행위를 대규모, 그리고 조직적으로 저질렀으며 어떻게 하면 그것을 막을 수 있었는지에 대한 구체적인 문제 검증을 포기하게 된다. 아무리 전장이라고 할지라도 강간을 하는 병사가 있으면 그렇게 하지 않는 병사도 있다. 사소한 일로 주민이나 포로의 뺨을 때리는 병사도 있다면, 반대로 친절하게 대하는 병사도 있다. 하지만 그러한 차이를 무시하고 잔악 행위의 책임자와 실행자를 면죄한다. 그러한 범죄를 일으키게 한 국가 시스템이나 개인 (지도자부터 일반 민중까지)의 자세는 추궁하지 않는다.

‘침략 전쟁’을 인식하는 일은 침략 전쟁과 그렇지 않은 전쟁을 구별하는 일에서 시작되며, ‘전쟁범죄’를 정의하는 것 또한 전쟁임을 감안했을 때 저지를 수 있는 일과 그렇지 않은 일을 구별짓는 것이므로 이 두 개념은 절대평화론에 입각하면 성립하기 어렵다. 전후 일본의 평화주의는 평화헌법을 유지하고자 하는 마음과 일본의 전쟁 책임을 모호하게 만들고자 하는 의도가 뒤섞여 탄생한 것이기에, 재군비를 반대하고 헌법을 옹호하는 사회당이 전범 석방 운동에 찬성했다는 사실은 결코 모순이 아니다. 군대 자체를 부정하는 인식하에서는 군 내부 병사의 인권 보호나 인권·국제법 교육, 불법 행위를 점검할 수 있는 시스템 도입 같은 군대 개선을 요구하기 어렵다. 나는 전쟁절대부정론이나 호헌론을 전면 부정할 생각이 없다. 오히려 전쟁과 군대를 완전히 포기하려는 일본국 헌법의 이념을 높이 평가한다. 다만 여기서 나는 전쟁범죄와 전쟁 책임을 묻는 가운데 그러한 인식에 이르렀다면 훨씬 다른 적극적인 평화주의를 만들 수 있을 것이며 지금이라도 고쳐야 하지 않겠냐는 의문을 제기하고 싶다. 전후 일본 안에서 보수, 혁신을 불문하고 끝내 전범 문제를 제대로 논의, 인식해 오지 않은 채로 현재에 이르고 말았다. 옥중의 일부 전범의 사상은 일본의 지적 재산으로 계승되지 않았다. 1990년대 일본군 ‘위안부’ 피해자들이 이름을 밝힌 것을 비롯해 많은 일본군 피해자가 전후 보상을 요구한 사실은 일본의 그러한 평화주의 자체에 대한 문제 제기라고 받아들여야 할 것이다.

　전범재판이라는 방식에는 큰 한계가 있음은 말할 필요도 없다. 전범재판은 개인의 법적 책임, 특히 형사책임을 묻는다. 하지만 형법으로 처벌할 수 없는 책임도 있다. 정치적 책임이나 도의적 책임도 있다. 국가나 군, 조직이 저지른 행위에는 개인이 책임을 져야 할 부분과 전부 질 수 없는 부분이 있다. 예를 들어 피해자 보상은 국가 책임일 것이다. 관련 문서를 전부 공개하여 진상을 밝히는 일, 일본국이 침략 전쟁·전쟁범죄를 저지른 사실을 인정하고 사죄하며 피해자의 재활(몸과 마음 모두)을 실시하고 피해자에게 개인 보상과 명예 회복 조치, 교육 같은 재발 방지 조치를 아울러 채택해야 한다.

9.11 이후의 세계를 보면 100년 이상 전쟁을 규제하고 없애려고 한 인류의 노력을 부정하려고 할 뿐이다. 이기면 무슨 짓을 해도 용서된다는 풍조, 그것을 긍정하는 의식의 확산, 폭력에는 폭력으로 대항하는 악순환의 확대. 이라크에서 미군이 저지른 주민 학살이나 교도소에서의 학대 사건 같은 전쟁범죄가 빈번히 발생하는데도 미국은 몇 명의 말단을 처벌했을 뿐, 국제형사재판소를 철저히 무시하고 있다. 법에 따른 지배란 원리적으로는 강자의 횡포를 정당화하기 위함이 아니라, 일반인들의 자유와 권리를 지키기 위함일 것이다. 법은 모든 사람에게 평등하게 적용해야 한다.

전범재판의 경험과 교훈을 통해 배울 것이 많다. 일본이 국제사회에서 무법자의 동맹자가 될지, 아니면 평화를 위한 주권자가 될지 우리 한 사람 한 사람이 질문을 받고 있다.

후기
BC급 전범재판 관계 연표
참고 문헌

# 후 기

　　2003년 초쯤부터 BC급 전범재판에 대해 총괄하는 책을 쓰려고 생각했습니다. 영국의 전범재판, 그리고 오키나와 전투에 대한 책을 정리한 다음, 미국 자료를 읽고 나서 호주나 중국(대만) 자료도 수집하여 BC급 전범재판의 전체 상을 겨우 볼 수 있었습니다. 그렇게 하니까 지금까지 일본 안에서 있었던 논의의 결함을 매우 잘 알 수 있었고, 이러한 일본인의 BC급 전범재판에 대한 인식을 근본부터 재고해볼 필요성을 느꼈습니다. 딱 그렇게 생각하면서 미국에서 자료 조사를 마치고 귀국할 즈음에 이 책을 집필해 달라는 의뢰를 받았습니다.

　　이 책을 쓰면서 저는 늘 말레이시아에서 일본군이 저지른 주민 학살로부터 가까스로 살아남은 사람들을 떠올렸습니다. 저는 1980년대부터 1990년대까지 말레이 반도 각지에서 그러한 사람들을 찾아다니며 체험담을 들었습니다. 제가 그분들의 이야기를 듣기 위해 느닷없이 찾아갔을 때, 그분들은 두 번 다시 떠올리고 싶지 않았을 체험을 되살려 말씀해주셨습니다. 전후 일본 정부는 그들에게 단 한 번의 사죄나 보상도 하지 않았고, 어떠한 일본인도 그들이 겪은 체험에 귀를 기울이려고 하지 않았습니다. 그렇게 예순 분 정도로부터 이야기를 들은 경험은 그 뒤 제 연구와 삶의 원점이 되었다고 해도 지나치지 않습니다.

그 뒤 중국과 한국, 필리핀 등 아시아 각지에서 일본군이 자행한 잔악 행위에 희생된 사람들, 특히 일본군 '위안부'가 되어야 했던 아시아 각지의 여성들과 만나서 이야기를 들을 기회도 많았습니다. 내가 '남자'라는 사실을 생각하게 한 귀중한 경험이었습니다.

그분들이 겪은 슬픔, 고통, 분노, 탄식…. 그러한 심정을 배신할 수 없어 저 나름대로 열심히 정면에서 노력하는 것이 그러한 분들에 대한 책임이라고 생각했습니다. 이 책을 쓰면서 피해를 입은 민중의 시점과 시선에서 생각해야 한다고 굳게 느꼈습니다.

그래도 아직 입수하지 못한 자료도 많고, 공개된 것만 해도 막대한 분량에 달하여 BC급 전범재판이란 도저히 혼자서 처리할 수 있는 상대가 아닙니다. 제가 읽은 자료는 아직 일부분에 지나지 않습니다. 그러한 가운데에서도 연합국 전쟁범죄위원회의 자료가 전체를 파악함에 있어 매우 도움이 되었습니다. 어쨌든 BC급 전범재판에 대해 쓴 책은 세상에 많이 나왔지만 믿을 수 있는 총괄서가 아직 없다는 사실을 생각하면 충분치 않은 점이 많다는 사실을 알면서도 이 책을 쓰기로 했습니다. 앞으로 전범재판에 관한 자료 공개나 조사 연구의 진전에 따라 다시 써야 할 점이 여럿 나오겠죠. 이 책이 그러한 앞으로 있을 연구나 전범재판의 이해에 도움이 되고 나아가 일본인의 전쟁 책임 문제를 해결하기 위한 노력에 어떻게든 공헌할 수 있으면 좋겠습니다.

이 책을 완성할 때까지 정말 많은 분들로부터 협력과 도움을 받았습니다. 한 분, 한 분의 성함을 말씀드릴 수 없어서 정말로 죄송합니다만 다시 한번 감사의 인사를 드립니다.

특히 현재 연구자인 저를 생각하면 후지와라 아키라(藤原彰) 선생님을 빼놓을 수 없습니다. 선생님께서는 2년 전 세상을 떠나셨기에 이 책을 읽으실 수 없다는 사실이 안타깝습니다. 선생님께 진심으로 감사와 추모하는 마음을 실어 이 책을 바치고 싶습니다.

평소 자료 조사를 위해 가정을 내팽개치고 집을 자주 비웠지만 그런 상황 속에서도 흔쾌히 집을 지키면서 직장 생활도 병행하는 아내 기누코(林絹子)에게는 아무리 고맙다는 말을 해도 모자랍니다.

요즘 일본 사회는 냉정함을 잃고 배외내셔널리즘이나 타자를 향한 무시가 횡행하고 있습니다. 일본의 전쟁 책임에 대한 자각도 전쟁에 대한 저항감도 희미해지고 있습니다. 그러한 때이기 때문에 일본 스스로 과거와 현재를 냉정하게, 자기반성하는 의미에서 바라볼 필요가 있다고 생각합니다. 일본 사회가 냉정을 되찾고 양식과 성의가 있는 시민으로서 아시아 사람들과의 사이에 우정과 믿음을 쌓는 데 이 책이 조금이라도 공헌할 수 있다면 그보다 더한 기쁨은 없습니다.


2005년 5월 3일, 전쟁과 군비를 포기한 일본국 헌법이 시행된 날
하야시 히로후미

# BC급 전범재판 관계 연표

| | 대일 전반 | 미국 | 영국 | 네덜란드 | 프랑스 | 호주 | 중국 | 필리핀 | 기타 |
|---|---|---|---|---|---|---|---|---|---|
| 1942 | | | | | | | | | 1월 13일<br>세인트제임스<br>궁전 선언 |
| 1943 | | | | | | | | | 10월 20일<br>연합국전쟁범죄<br>위원회 창설<br>11월 1일<br>모스크바선언 |
| 1944 | | | | | 8월 28일<br>전쟁범죄<br>관리규정 | 3월 15일<br>제1차 웹보고서<br>10월 31일<br>제2차 보고서 | 2월 23일<br>적인진행<br>조사위원회 설치 | | 11월 29일<br>연합국전쟁범죄<br>위원회<br>극동태평양<br>소위원회 발족 |
| 1945 | 7월 26일<br>포츠담 선언<br>8월 15일<br>일본 패전<br>9월 11일<br>전범 용의자<br>체포령<br>10월 2일<br>GHQ, 법무국 설치<br>11월 1일<br>스가모형무소 개설<br>12월 8일<br>국제검찰국 설치 | 2월 26일<br>괌 전범재판 시작<br>9월 24일<br>전쟁범죄인<br>재판 규정<br>10월 8일<br>마닐라재판<br>(야마시타) 시작<br>(12월 7일 사형 판결)<br>12월 5일<br>GHQ, 전쟁범죄인<br>재판규정<br>12월 18일<br>요코하마재판 시작 | 6월 18일<br>전쟁범죄인<br>재판규정 | | | 10월 11일<br>전쟁범죄인 재판<br>및 처벌을<br>규정하는 법률<br>10월 25일<br>전쟁범죄인재판규정<br>11월 29일<br>모로타이재판 시작 | 9월 14일<br>적인진행<br>조사변방 등 제정<br>11월 7일<br>남경작전인자행<br>조사위원회<br>12월 6일<br>전범처리위원회<br>(중경) | | 8월 8일<br>런던협정<br>9월 17일<br>영국배로제재판<br>시작<br>11월 20일<br>뉘른베르크재판<br>시작 |

| | 대일 전반 | 미국 | 영국 | 네덜란드 | 프랑스 | 호주 | 중국 | 필리핀 | 기타 |
|---|---|---|---|---|---|---|---|---|---|
| 1946 | 1월 19일 극동국제군사재판소조례 3월 9일 GHQ, 자체 재판 금지 5월 3일 도쿄재판 개정 | 2월 5일 제8군 절차 규정 2월 12일 상해재판 시작 4월 26일 요코하마재판, 첫 사형 집행 | 1월 21일 싱가포르재판 시작 1월 30일 쿠알라룸푸르재판 시작 3월 22일 랑군재판 시작 3월 28일 홍콩재판 시작 | 6월 1일 전쟁범죄에 관한 일련의 칙령 8월 5일 바타비아 재판 시작 | 1월 26일 전쟁범죄관리 규정 시행령 (프랑스령 인도차이나) 2월 21일 사이공재판 시작 12월 19일 제1차 인도차이나전쟁 시작 | | 2월 전쟁범죄처리변법 등 제정 4월 8일 북경재판 시작 5월 30일 남경재판 시작 7월 극동 내정 개시 | 7월 4일 필리핀 독립 | 10월 1일 뉘른베르크재판 판결 12월 11일 유엔총회 뉘른베르크 원칙 채택 |
| 1947 | 5월 3일 일본국 헌법 시행 | 3월 28일 마닐라재판을 필리핀에 이관 표명 | | | | 12. 13일 홍콩재판 종료 | | 7월 29일 전범재판 규칙 8월 1일 마닐라재판 시작 | |
| 1948 | 10월 29일 GHQ 재판 시작 11월 12일 도쿄재판 종료 12월 23일 A급 전범 사형 집행 | 3월 16일 이시가키섬 사건 판결 | 1월 4일 버마 독립 3월 12일 홍콩 이외 재판 종료 6월 19일 말레이 비상사태 12월 20일 홍콩재판 종료 (영국 재판 종료) | | | | | | |

| 연도 | 대략 전반 | 미국 | 영국 | 네덜란드 | 프랑스 | 호주 | 중국 | 필리핀 | 기타 |
|---|---|---|---|---|---|---|---|---|---|
| 1949 | 3월 31일 연합국전범조사위원회 해산 / 3월 31일 극동위원회, 9월 30일까지 재판 종료 종료권고 최고 채택 / 9월 6일 GHQ 재판 종료 | 4월 28일 괌재판 종료 / 10월 19일 요코하마재판 종료 (미국재판 종료) | 10월 20일쯤 재판 종결 결정 | 12월 14일 바타비아 재판 종료 (네덜란드 재판 종료) / 12월 27일 인도네시아 완전 독립 | | | 1월 26일 상해재판 종료 (국민정부 재판 종료) / 5월 27일 인민해방군 상해 점령 / 10월 1일 중화인민공화국 건국 | 12월 28일 마닐라재판 종료 (필리핀재판 종료) | 12월 25-30일 소련, 하바롭스크 재판 |
| 1950 | 3월 7일 회장 제5호 / 6월 25일 한국전쟁 발발 / 11월 21일 (스가모에서의) 마지막 사형 집행 / 시게미쓰 마모루 가석방 | 4월 7일 이시가키섬 사건 사형 집행 (스가모에서의 마지막 사형 집행) | | | 3월 29일 사이공재판 종료 / 6월 전범 전원 스가모로 이감 | 6월 5일 마누스재판 시작 | | | |
| 1951 | 9월 8일 평화조약 체결 | 9월 4일 전범사면가석방위원회 설치 | | | | 4월 9일 마누스재판 종료 (모든 재판 종료) / 6월 11일 마지막 사형 집행 | | | |
| 1952 | 4월 28일 평화조약 발효, 스가모형무소, 일본에 이관 / 8월 1일 법무성에 중앙갱생보호 심사회 설치 | | | | | | 8월 5일 일화평화조약 발효, 전범 전원 석방 | | |

| 연도 | 대일 전반 | 미국 | 영국 | 네덜란드 | 프랑스 | 호주 | 중국 | 필리핀 | 기타 |
|---|---|---|---|---|---|---|---|---|---|
| 1953 | | | | | | 8월 8일 마누스섬 전범, 요코하마 도착 | | 7월 전범 전원 스가모 이감 12월 28일 전원 석방 | |
| 1954 | | | | | 4월 15일 전원 석방 | | | | |
| 1956 | | | | 8월 8일 전원 가석방 | | | 6월 7일 중화인민공화국 재판 6월 9일 기소 면제자 1,017명 귀국 | | 10월 소・일 국교 정상화 12월 소련 전범 해소 |
| 1957 | 2월 25일 기시 내각 탄생 | | | 12월 17일 전원 석방 | | 7월 4일 마지막 전범 석방 | | | |
| 1958 | 5월 30일 전원 가석방 12월 29일 모든 전범 석방 | 5월 30일 마지막 가석방 12월 29일 전원 석방 | 2월 6일 전원 석방 결정 | | | | | | |
| 1959 | | | | | | | | | 4월 6일과 10월 17일 전범 사형자를 야스쿠니에 합사 |
| 1960 | | | | | | | 1964년 4월 마지막 전범 귀국 | | 1966년 10월 사형자 전원을 합사 |

# 참고 문헌

이 책에서 직접 인용하고 참조한 자료와 BC급 전범재판을 직접 다룬 일본어 주요 문헌에 한정해서 골랐다. 전범의 체험기나 영어 문헌 등, 이 이외의 문헌은 다음 문헌의 권말 참고 문헌 목록을 참조하길 바란다.

東京裁判ハンドブック編纂委員会編『東京裁判ハンドブック』, 青木書店, 1989

林博史『裁かれた戦争犯罪―イギリスの対日戦犯裁判』, 岩波書店, 1998

공개되지 않은 자료로 미국, 영국, 호주, 중국(대만)의 국립 공문서관 등이 소장한 자료, 일본 외무성 외교사료관, 국립 공문서관, 방위청 방위연구소 도서관, 국립 국회도서관 헌정자료실이 소장한 자료를 이용했다.

## [일본어 문헌]

亜東書房編, 『われ死ぬべしや―BC級戦犯者の記録』, 亜東書房, 1962

飯塚浩二編, 『あれから七年―学徒戦犯の獄中からの手紙』, 光文社, 1953

伊香俊哉, 「中国国民政府の日本戦犯処罰方針の展開」 『季刊戦争責任研究』 第32·33号, 2001.6월, 9월.

石田甚太郎, 『殺した殺された―元日本兵とフィリピン人200人の証言』, 径書房, 1992

石田勇治, 『過去の克服―ヒトラー後のドイツ』, 白水社, 2002

井関恒夫, 『西ボルネオ住民虐殺事件―検証「ポンテアナ事件」』, 不二出版, 1987

井上ひさし, 林博史, 内海愛子, 大沼保昭「連続討論 第2回 BC級戦犯裁判」, 『世界』, 2003.02.

岩川隆, 『孤島の土となるとも―BC級戦犯裁判』 講談社, 1995

ウィリアム·B·シンプソン, 『特殊諜報員―日本の戦争犯罪を暴いた情報将校』, 現代書房, 1998

ヴィクトル·カルポフ, 『スターリンの捕虜たち』, 北海道新聞社, 2001

牛村圭, 『再考「世紀の遺書」と東京裁判』, PHP研究所, 2004

内海愛子, 『朝鮮人BC級戦犯の記録』, 勁草書房, 1982

―「「スマラン慰安所」事件」, 『Indonesia』 5/6号, 1995

―「加害と被害―民間人の抑留をめぐって」, 歴史学研究会編, 『講座世界史8 戦争と民衆』, 東京大学出版会, 1996

―『スガモプリズン―戦犯たちの平和運動』, 吉川弘文館, 2004

―「戦争犯罪―日本は何を裁かれたか」(内海愛子·山脇啓造編, 『歴史の壁を超えて―和解と共生の平和学』法律文化社, 2004)

内海愛子·韓国朝鮮人BC級戦犯を支える会編, 『死刑台から見えた二つの国』, 梨の木舎, 1992

内海愛子·マコーマック·ネルソン編著, 『泰緬鉄道と日本の戦争責任』, 明

石書店, 1994

内海愛子・永井均監修・解説, 『新聞史料にみる東京裁判・BC級裁判』全2巻, 2000

江口十四一, 「シベリア抑留問題の現状と課題」『季刊戦争責任研究』第8号, 1995.06.

NHK取材班, 『幻の外務省報告書—中国人強制連行の記録』, 日本放送出版会, 1994

大日方純夫, 「治安維持法と国家賠償」『季刊戦争責任研究』第10号, 1995.12.

加藤哲太郎, 『私は貝になりたい—あるBC級戦犯の叫び』, 春秋社, 1994

上坂冬子, 『巣鴨プリズン13号鉄扉』, 新潮社, 1981(新潮文庫, 1984)

一『貝になった男—直江津捕虜収容所事件』, 文藝春秋, 1986(文春文庫, 1989)

一『償いは済んでいる—忘れられた戦犯と遺族の五十年』, 講談社, 1995

北博昭・解説, 『軍律会議関係資料』, 不二出版, 1988

北博昭, 『軍律法廷—戦時下の知られざる「裁判」』, 朝日新聞社, 1997

木村宏一郎, 『忘れられた戦争責任—カーニコバル島事件と台湾人軍属』, 青木書店, 2001

D・ゲンダーヌ, 田中了, 『ゲンダーヌ—ある北方少数民族のドラマ』, 現代史出版会, 1978

小管信子・永井均解説・訳, 『GHQ日本占領史 第5巻 BC級戦争犯罪裁判』, 日本図書センター, 1996

シソンズ(小管信子訳), 「オーストラリアによる戦争犯罪調査と裁判」, (三谷太一郎ほか編, 『岩波講座 近代日本と植民地8 アジアの冷戦と脱植民地化』, 岩波書店, 1993)

巣鴨遺書編纂会編, 『世紀の遺書』, 巣鴨遺書編纂会刊行事務所, 1963(復刊, 講談社, 1984)

巣鴨法務委員会編, 『戦犯裁判の実相』, 1962(復刊, 不二出版,1987)

杉原達, 『中国人強制連会』, 岩波書店, 2002

全国憲友会連合会編纂委員会編, 『日本憲兵正史』, 全国憲友会連合会本部, 1976

宋志勇, 「終戦前後における中国の対日政策—戦争犯罪裁判を中心に」, 『史苑』第54巻第1号, 1993.12.

—「戦後中国における日本人戦犯裁判」, 『季刊戦争責任研究』第30号, 2000.12.

武富登美男編・解説, 『ババル島事件関係書類』, 不二出版, 1987

田中宏巳, 『BC級戦犯』, ちくま新書, 2002

田中利幸, 『知られざる戦争犯罪—日本軍はオーストラリア人に何をしたか』, 大月書店, 1993

茶園義男編・解説『日本BC級戦犯資料』, 不二出版, 1983

—『BC級戦犯軍事法廷資料—広東編』, 不二出版, 1984

—『BC級戦犯横浜裁判資料』, 不二出版, 1985

—『BC級戦犯米軍マニラ裁判資料』, 不二出版, 1986

—『BC級戦犯フィリピン裁判資料』不二出版, 1987

—『BC級戦犯英軍裁判資料』上下, 不二出版, 1988-1989

—『BC級戦犯米軍上海等裁判資料』, 不二出版, 1989

—『BC級戦犯豪軍ラバウル裁判資料』, 不二出版, 1990

—『BC級戦犯豪軍マヌス等裁判資料』, 不二出版, 1991

—『BC級戦犯中国・仏国裁判資料』, 不二出版, 1992

—『BC級戦犯和蘭裁判資料・全館通覧』, 不二出版, 1992

茶園義男編・著, 『シンガポール英軍法廷 華僑虐殺事件起訴詳報』不二出版, 1995

茶園義男編, 『図説 戦争裁判スガモプリズン事典』日本図書センター, 1994

茶園義男・重松一義, 『補完 戦犯裁判の実相』不二出版, 1987

中国帰還者連絡会編, 『私たちは中国でなにをしたか—元日本人戦犯の記録』三・一書房, 1987

猪八戒,「冷戦構造と中国人強制連行」(徐勝編『東アジアの冷戦と国家テロリズム』, 御茶の水書房, 2004)

東京裁判ハンドブック編集委員会編,『東京裁判ハンドブック』, 青木書店, 1989

豊田隈雄,『戦争裁判余録』泰生社, 1986

豊田雅幸,「中華人民共和国の戦犯裁判」『季刊戦争責任研究』第17・18号, 1997.09-12.

永井均,「日本。フィリピン関係史における戦争犯罪問題」(池端雪浦, リディア・N・ユー・ホセ編『近現代日本・フィリピン関係史』岩波書店, 2004)

―「獄窓からの反戦思想」,『HIROSHIMA RESEARCH NEWS』(広島市立大学広島平和研究所) Vol. 7. No. 3. 2005.03.

永井均編・解説,『戦争犯罪調査資料―俘虜関係調査中央委員会調査報告書綴』, 東出版, 1995

新美隆解説,「オランダ女性慰安婦強制事件に関するバタビア臨時軍法会議判決」,『季刊戦争責任研究』第3号, 1994.03.

野添憲治,『聞き書き花岡事件』, 御茶の水書房, 1990

VAWW-NET Japan編(内海愛子・高橋哲哉責任編集),『戦犯裁判と性暴力』, 録風出版, 2002

―(松井やよりほか責任編集),『女性国際戦犯法廷の全記録ⅠⅡ』, 録風出版, 2002

林博史,『華僑虐殺―日本軍支配下のマレー半島』, すずさわ書店, 1992

―「英軍による日本軍性暴力の追及」,『季刊戦争責任研究』第14号, 1996

―「裁かれなかった戦争犯罪―イギリスの対日戦犯裁判」, 岩波書店, 1998

―「BC級戦犯」,『地理と歴史』(山川出版社) 532号, 2000.03.

―「進展するアメリカの戦争関係資料の公開」,『季刊戦争責任研究』第37号, 2002.09.

―「グアムにおける米海軍の戦犯裁判」,『季刊戦争責任研究』第40号・41号, 2003.06・09.

一「連合国戦争犯罪政策の形成―連合国戦争犯罪委員会と英米」,『関東学院大学経済学部総合学術論叢 自然・人間・社会』第36・37号, 2004.01・07.

一「オーストラリアの対日戦犯政策の展開」,『季刊戦争責任研究』第43・44号, 2004.03・06.

日暮吉延,「「正義」と「慈悲」―講和後の戦犯釈放と日米関係」,『アメリカ研究』第35号, 2001

藤田久一,『新版増補 国際人道法』, 有信堂高文社, 2000

藤原彰,『飢死した英霊たち』, 青木書店, 2001

プラムディヤ・アナンタ・トゥール(山田道隆訳),『日本軍に棄てられた少女たち』, コモンズ, 2004

法務大臣官房司法法制調査部,『戦争犯罪裁判関係法令集』全3巻, 1963-1967

一『戦犯釈放史要』, 1967

一『戦争犯罪裁判史要』, 1973

前川佳遠理,「アジア人兵士とBC級戦犯裁判―太平洋戦争末期におけるニューギニア戦線とインドネシア兵補」,『上智アジア学』第19号, 2001

益井康一,『漢奸裁判史』, みすず書房, 1977

望月五三郎,『私の支那事変』, 私家版, 1985(季刊『中帰連』第30号, 2004.09. 연재)

森口豁,『最後の学徒兵』, 講談社, 1993

油井大三郎・小管信子,『連合国捕虜虐待と戦後責任』, 岩波ブックレット, 1993

横浜弁護士会BC級戦犯横浜裁判調査研究特別委員会,『法廷の星条旗―BC級裁判横浜裁判の記録』, 日本評論社, 2004

吉見義明,『毒ガス戦と日本軍』, 岩波書店, 2004

吉見義明解説,「オランダ人女性「慰安婦」に関するオランダ政府調査報告」,『季刊戦争責任研究』第4号, 1994.06.

劉傑,『漢奸裁判―対日協力者を襲った運命』, 中公新書, 2000

理論編集部編,『壁あつき部屋―巣鴨BC級戦犯の人生記』, 理論社, 1953

和田英穂,「被侵略国による対日戦争犯罪裁判―国民政府が行った戦犯裁判の特徴」,『中国研究月報』, 2001.11.

―「中国国民による対日戦犯裁判の終結と日華平和条約」,『愛知論叢』(愛知大学大学院) 第74号, 2003

―「戦犯と漢奸のはざまで」,『アジア研究』Vol. 49. No. 4., 2003.10.

**[영어 문헌]**

Mackay, James, Betrayal in High Places(Auckland : Tasman Archives, 1996)

Piccigallo, Philip, R, The Japanese on Trial : Allied War Crimes Operations in the East, 1945-1951(Austin and London University of Texas Press, 1979)

The United Nations War Crimess Commission, History of the United Nations War Crimes Commission(London : His Majesty's Stationary Office, 1948)

Ward, Ian, Snaring the Other Tiger(Singapore : Media Masters, 1996)


**[중국어 문헌]**

中華民國外交問題研究會,『中日外交史叢編(7)日本投降與我國對日態度及大俄交涉』, 中華民國外交問題研究會, 1966

朱金元, 陈祖恩,『汪伪受审纪实』, 浙江人民出版社, 1988

胡菊蓉,『中外軍事法庭審判日本戰犯』, 南開大學出版社, 1988

中国人民政治协商会议南京市委员会文史资料委员会编,『中国战区受降始末』, 中国文史出版社, 1991

王战平主编,『正义的审判』, 人民法院出版社, 1991

南京市档案館,『审讯汪伪汉奸笔录』江苏古籍出版社, 1992

# BC급 전범재판

**초판 1쇄 발행일** 2024년 2월 29일
**지은이** 하야시 히로후미
**옮긴이** 이재우
**펴낸이** 박영희
**편  집** 조은별
**디자인** 김수현
**마케팅** 김유미
**인쇄·제본** AP프린팅
**펴낸곳** 도서출판 어문학사
　　　　서울특별시 도봉구 해등로 357 나너울카운티 1층
　　　　대표전화: 02-998-0094 / 편집부1: 02-998-2267, 편집부2: 02-998-2269
　　　　홈페이지: www.amhbook.com
　　　　인스타그램: amhbook
　　　　페이스북: www.facebook.com/amhbook
　　　　블로그: 네이버 http://blog.naver.com/amhbook
　　　　e-mail: am@amhbook.com
　　　　등록: 2004년 7월 26일 제2009-2호

**ISBN** 979-11-6905-027-2(93900)
**정가** 16,000원